古抄本群書治要二種

金澤文庫本

群書治要

圖版

一

〔唐〕魏徵 等撰 江曦 校理 潘銘基 解題

國家古籍整理出版專項經費資助項目

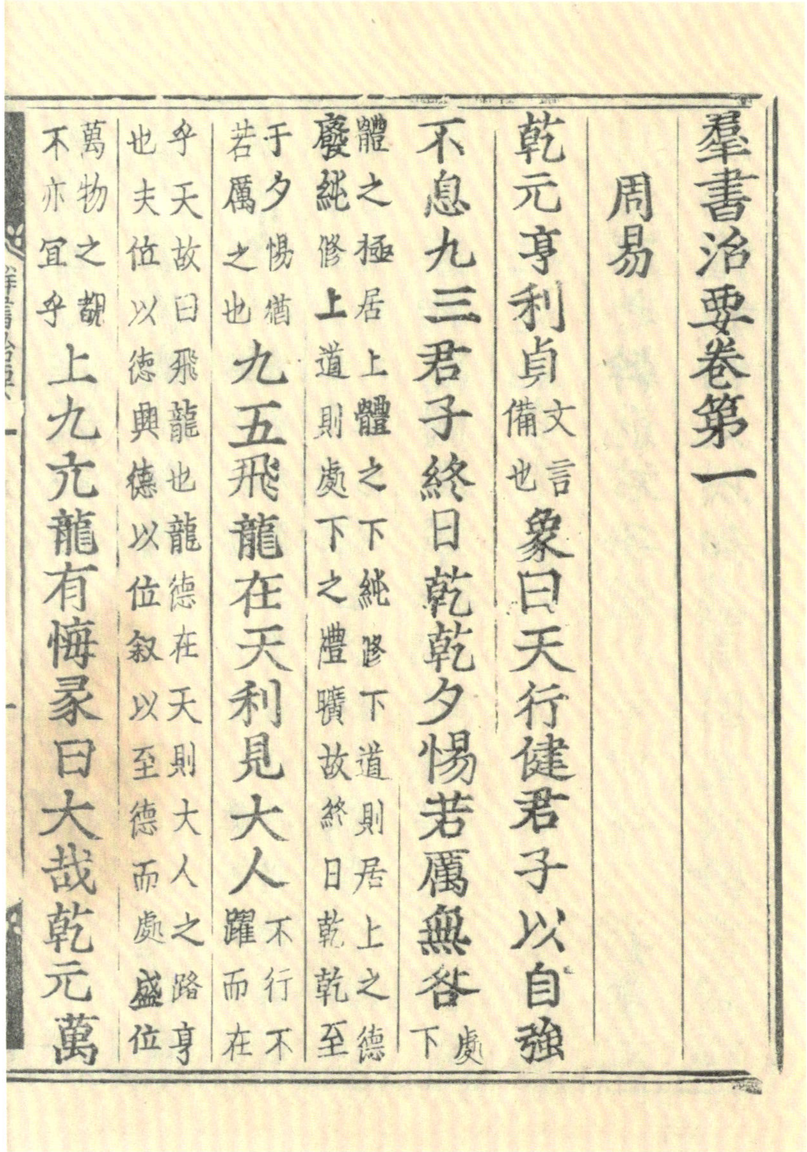
羣書治要卷第一
周易
乾元亨利貞文言備也象曰天行健君子以自強
不息九三君子終日乾乾夕惕若厲無咎處下
體之極居上體之下純修下道則居上之德
廢純修上道則處下之禮曠故終日乾乾至
于夕惕猶若厲之也九五飛龍在天利見大人不行不躍而在
乎天故曰飛龍也龍德在天則大人之路亨
也夫位以德興德以位敘以至德而處盛位
萬物之覩不亦宜乎上九亢龍有悔彖曰大哉乾元萬

圖一　元和二年銅活字版卷首（國立國會圖書館藏本）

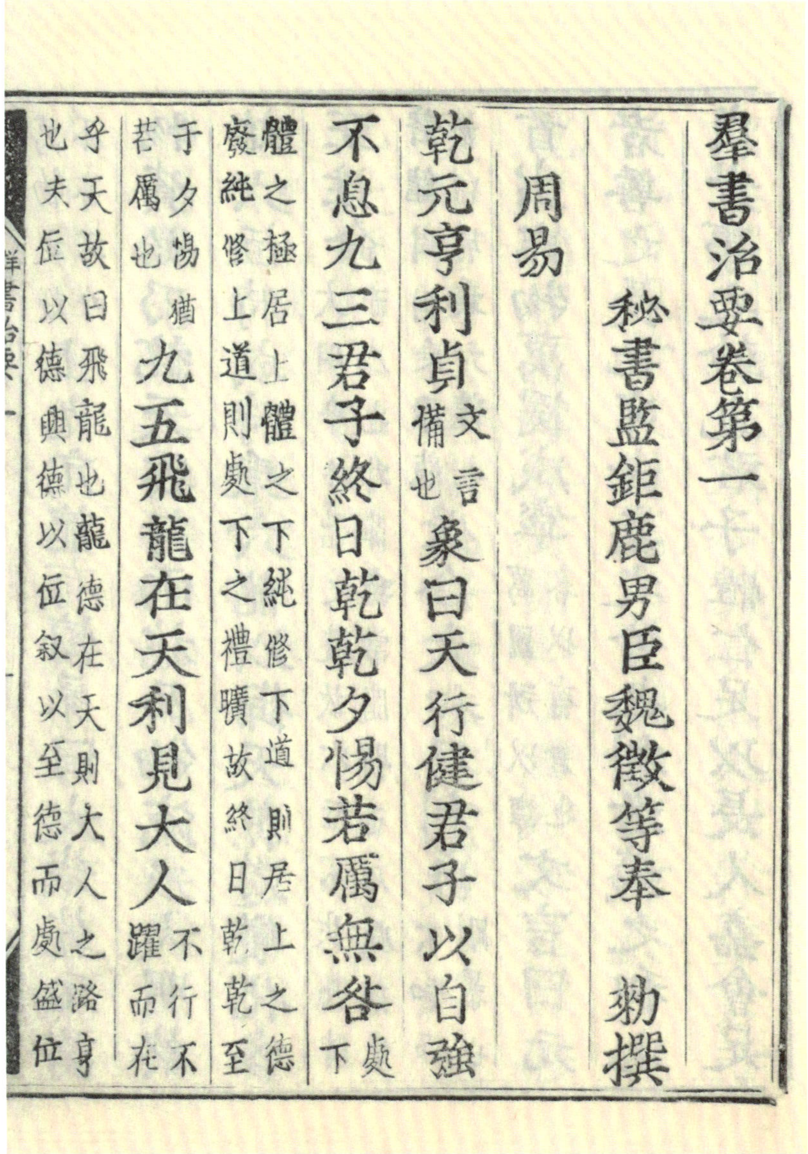
羣書治要卷第一
秘書監鉅鹿男臣魏徵等奉　勅撰
周易
乾元亨利貞文言備也象曰天行健君子以自強
不息九三君子終日乾乾夕惕若厲無咎處下
體之極居上體之下純修下道則居上之德
廢純修上道則處下之禮曠故終日乾乾至
于夕惕猶若厲也九五飛龍在天利見大人不行不躍而在
乎天故曰飛龍也龍德在天則大人之路亨
也夫位以德興德以位敘以至德而處盛位

圖二　弘化三年銅活字版卷首（國立國會圖書館藏本）

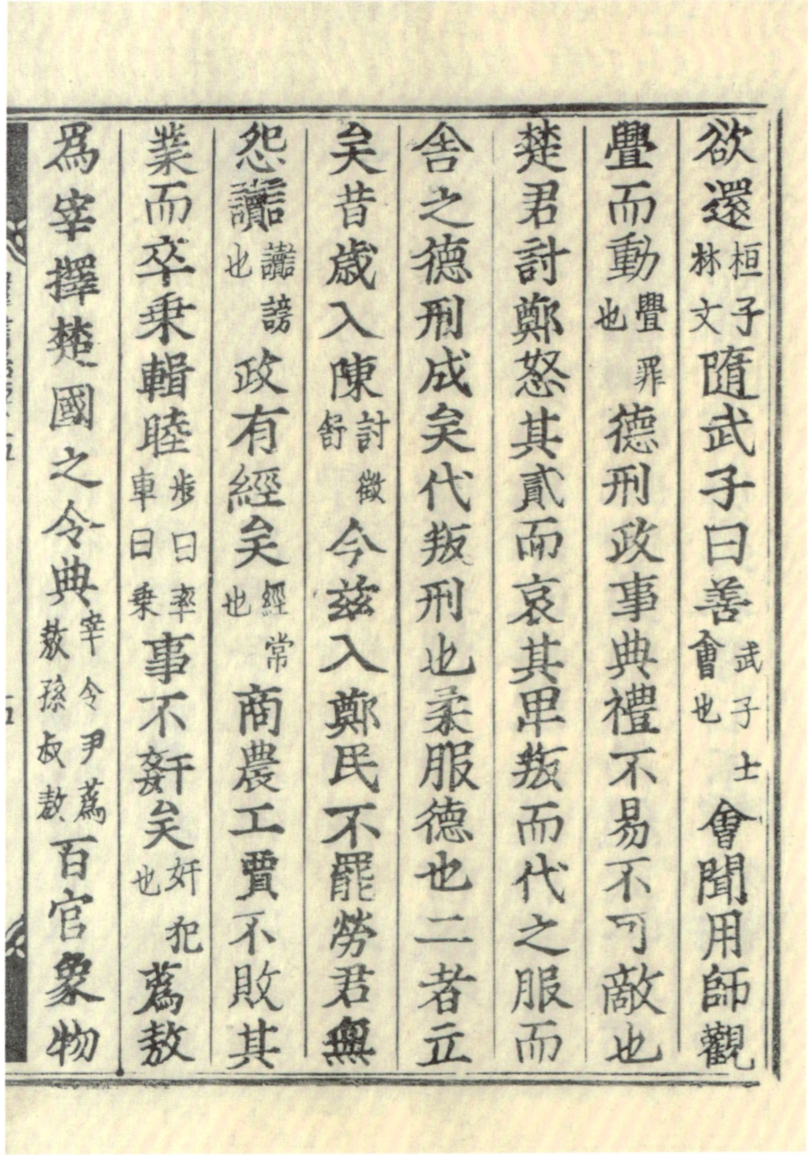

欲還（桓子林文）隨武子曰善（武子士會也）會聞用師觀
釁而動（釁罪也）德刑政事典禮不易不可敵也
楚君討鄭怒其貳而哀其卑叛而代之服而
舍之德刑成矣代叛刑也柔服德也二者立
矣昔歲入陳（討徵舒）今茲入鄭民不罷勞君無
怨讟（讟謗也）政有經矣（經常也）商農工賈不敗其
業而卒乘輯睦（步曰卒車曰乘）事不奸矣（奸犯也）蔿敖
爲宰擇楚國之令典（宰令尹蔿敖孫叔敖）百官象物

圖三　元和二年銅活字版卷五第五葉 a 面（國立國會圖書館藏本）

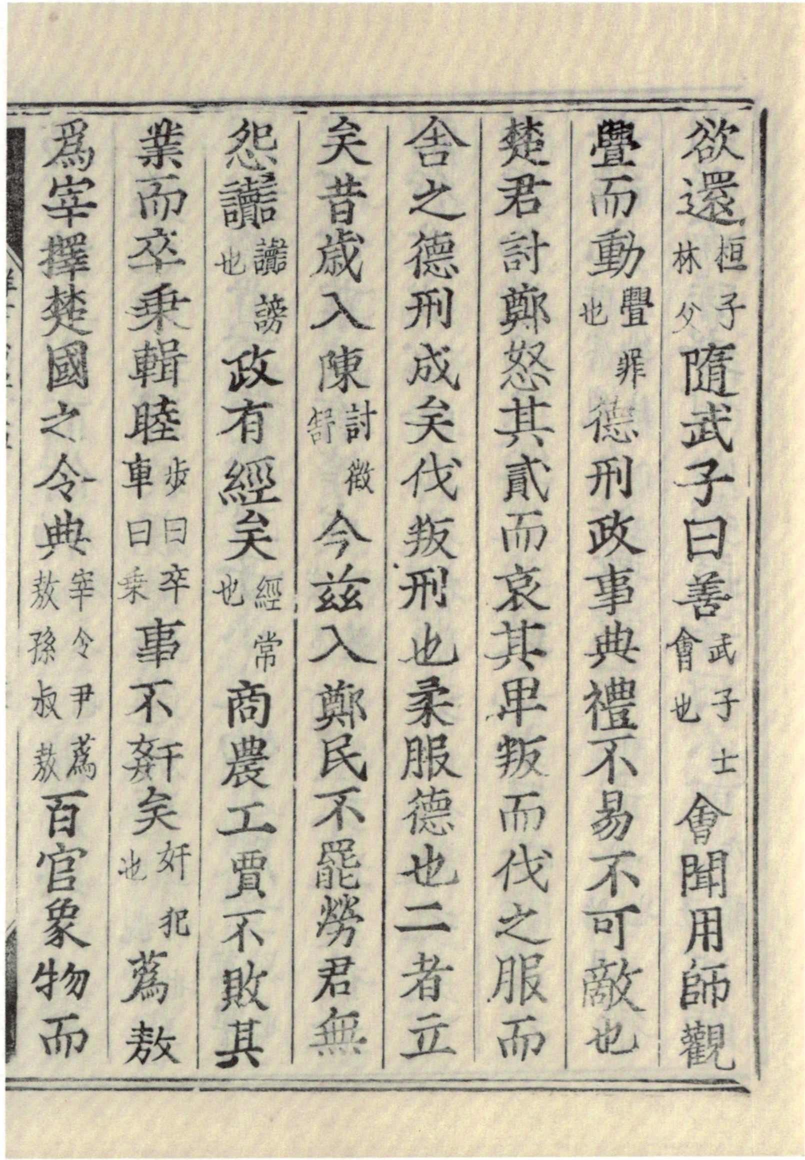

欲還（桓子林父）隨武子曰善（武子士會也）會聞用師觀
釁而動（釁罪也）德刑政事典禮不易不可敵也
楚君討鄭怒其貳而哀其卑叛而伐之服而
舍之德刑成矣伐叛刑也柔服德也二者立
矣昔歲入陳（討徵舒）今茲入鄭民不罷勞君無
怨讟（讟謗也）政有經矣（經常也）商農工賈不敗其
業而卒乘輯睦（步曰卒車曰乘）事不奸矣（奸犯也）蔿敖
爲宰擇楚國之令典（宰令尹蔿敖孫叔敖）百官象物而

圖四　弘化三年銅活字版卷五第五葉 a 面（國立國會圖書館藏本）

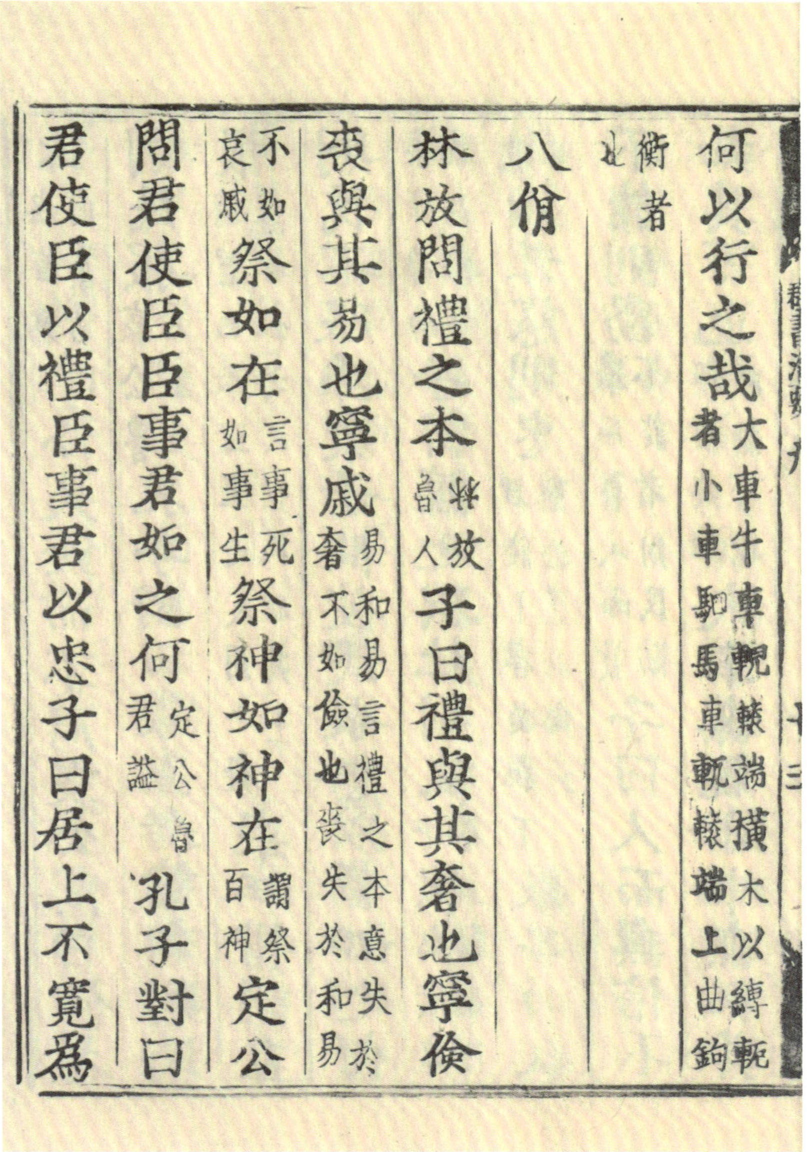

群書治要九　十三

何以行之哉大車牛車輗轅端橫木以縛軛者小車駟馬車軏轅端上曲鉤衡者也

八佾

林放問禮之本林放魯人子曰禮與其奢也寧儉

喪與其易也寧戚易和易言禮之本意失於奢不如儉也喪失於和易不如哀戚祭如在言事死如事生祭神如神在謂祭百神定公

問君使臣臣事君如之何定公魯君謚孔子對曰

君使臣以禮臣事君以忠子曰居上不寬爲

圖五　元和二年銅活字版卷九第十三葉 b 面（國立國會圖書館藏本）

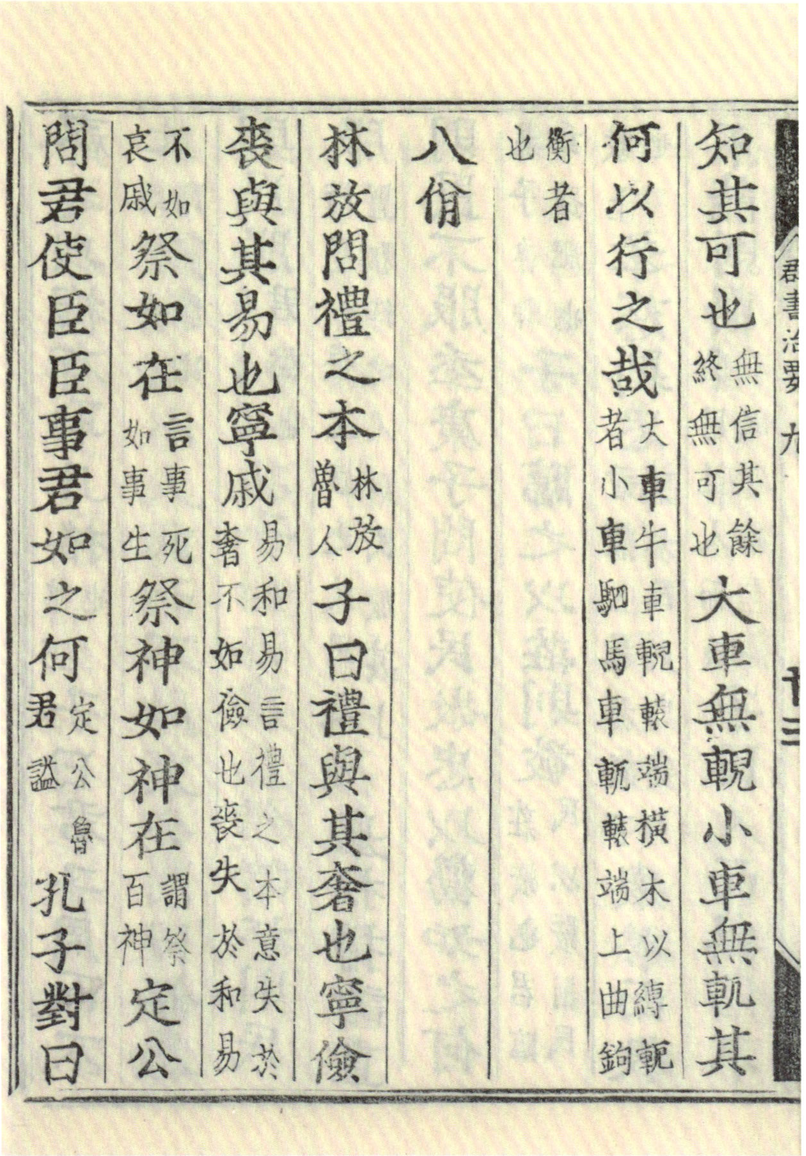

群書治要九　十三

知其可也無信其餘終無可也大車無輗小車無軏其

何以行之哉大車牛車輗轅端橫木以縛軛者小車駟馬車軏轅端上曲鉤衡者也

八佾

林放問禮之本林放魯人子曰禮與其奢也寧儉

喪與其易也寧戚易和易言禮之本意失於奢不如儉也喪失於和易不如哀戚祭如在言事死如事生祭神如神在謂祭百神定公

問君使臣臣事君如之何定公魯君謚孔子對曰

圖六　弘化三年銅活字版卷九第十三葉 b 面（國立國會圖書館藏本）

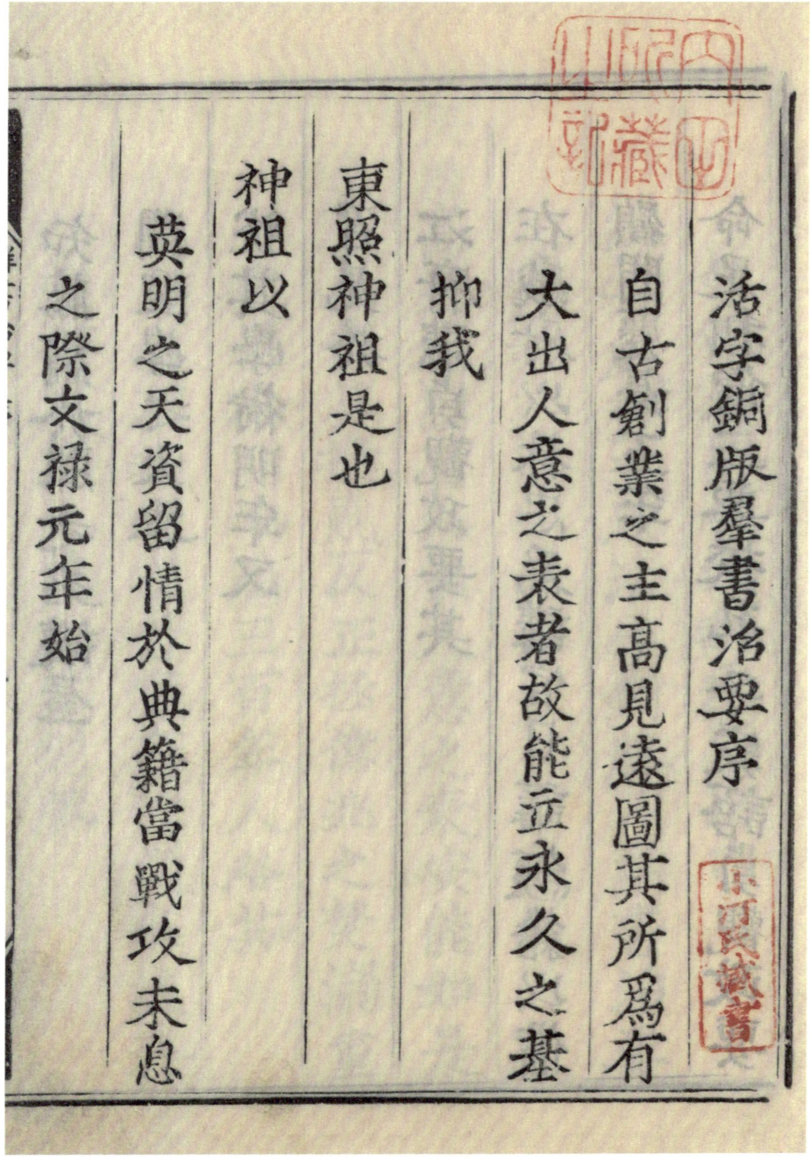
活字銅版羣書治要序
自古創業之主高見遠圖其所爲有
大出人意之表者故能立永久之基
抑我
東照神祖是也
神祖以
英明之天資留情於典籍當戰攻未息
之際文祿元年始

圖七　弘化三年銅活字版山本元恒序首（國立國會圖書館藏本）

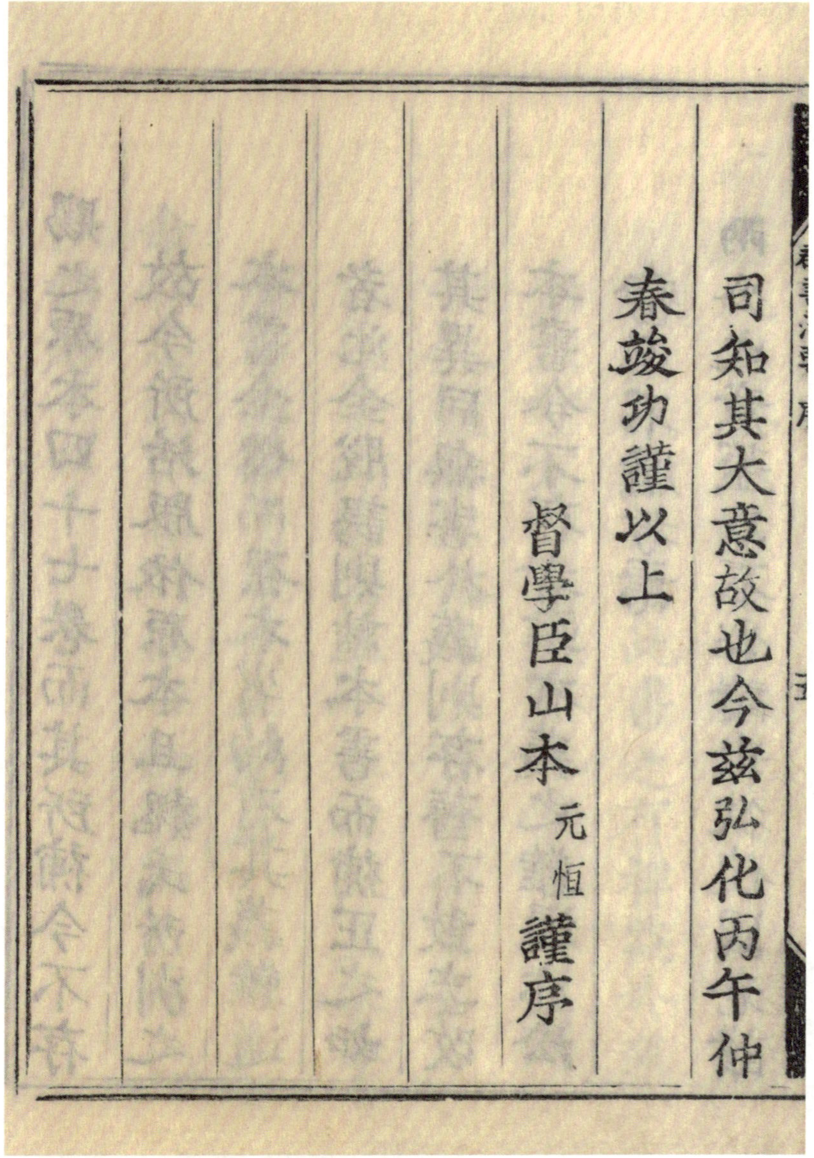
司知其大意故也今茲弘化丙午仲
春竣功謹以上
督學臣山本元恒謹序

圖八　弘化三年銅活字版山本元恒序末（國立國會圖書館藏本）

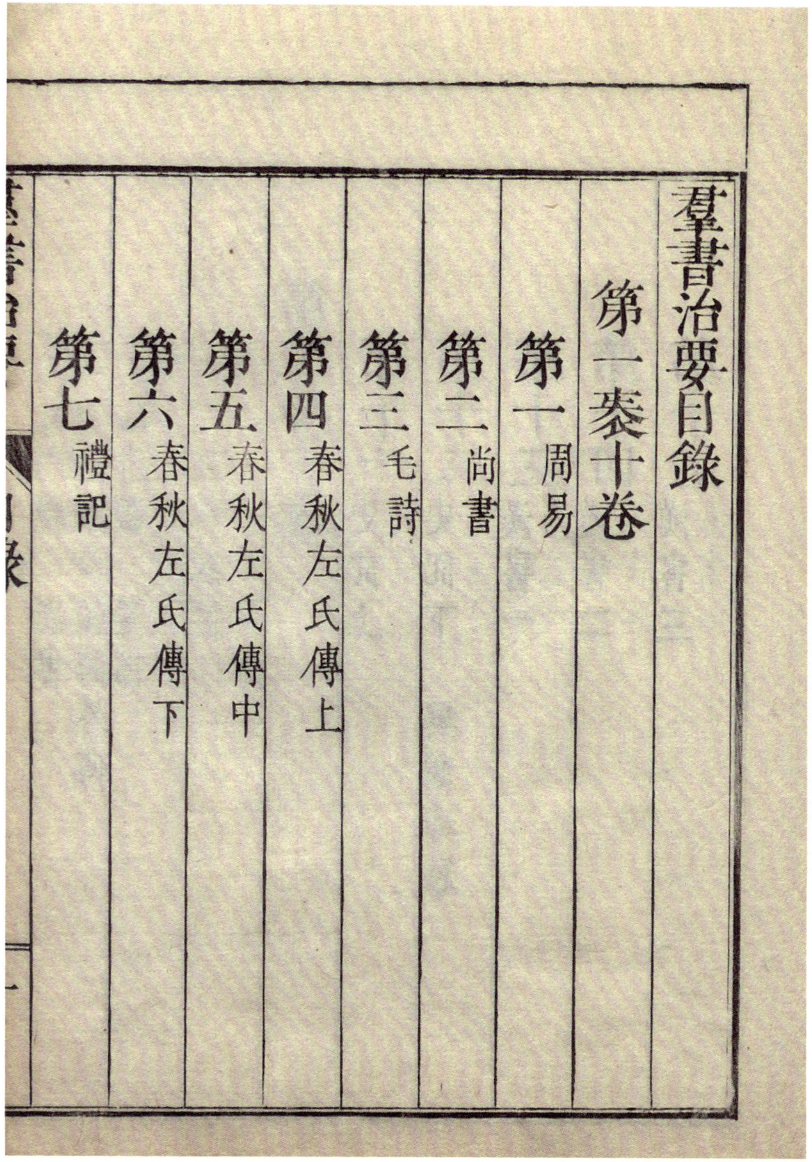
羣書治要目錄
第一秦十卷
第一周易
第二尚書
第三毛詩
第四春秋左氏傳上
第五春秋左氏傳中
第六春秋左氏傳下
第七禮記

圖九　天明七年刊本目録（内閣文庫藏本）

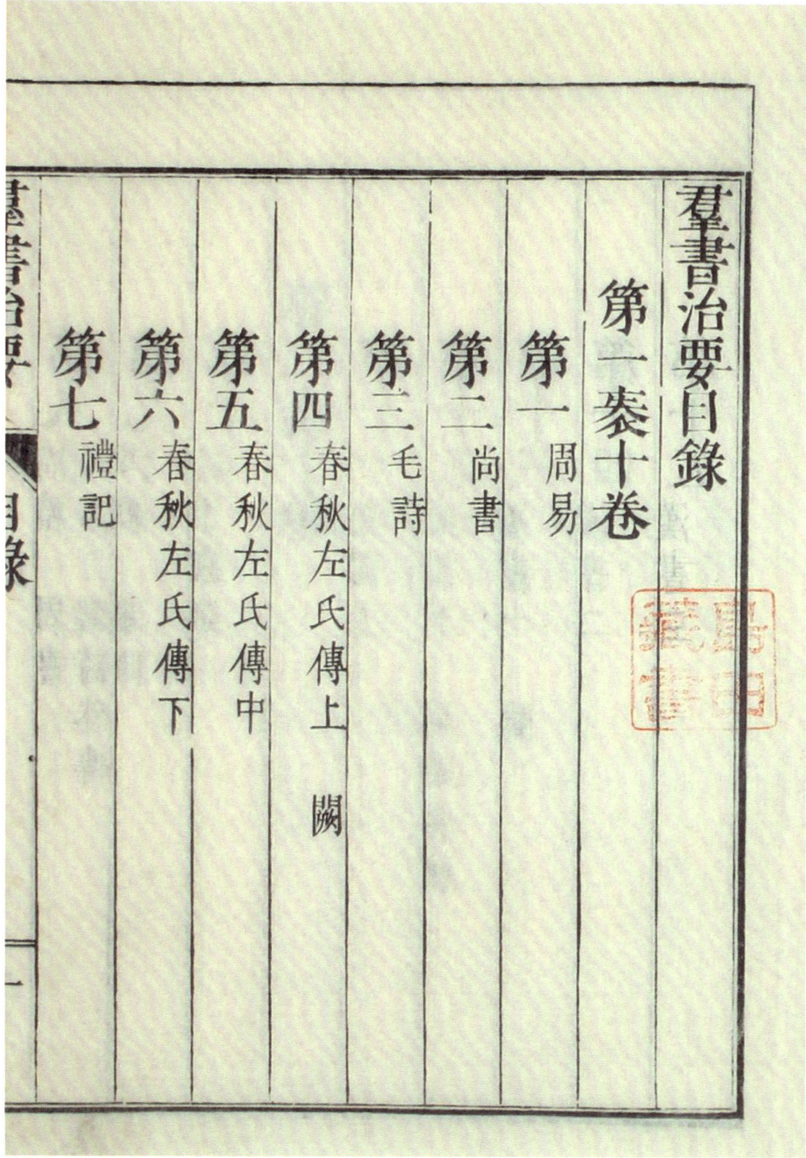
羣書治要目錄
第一秦十卷
第一周易
第二尚書
第三毛詩
第四春秋左氏傳上　闕
第五春秋左氏傳中
第六春秋左氏傳下
第七禮記

圖十　天明七年刊寛政三年修本目録（早稻田大學圖書館藏本）

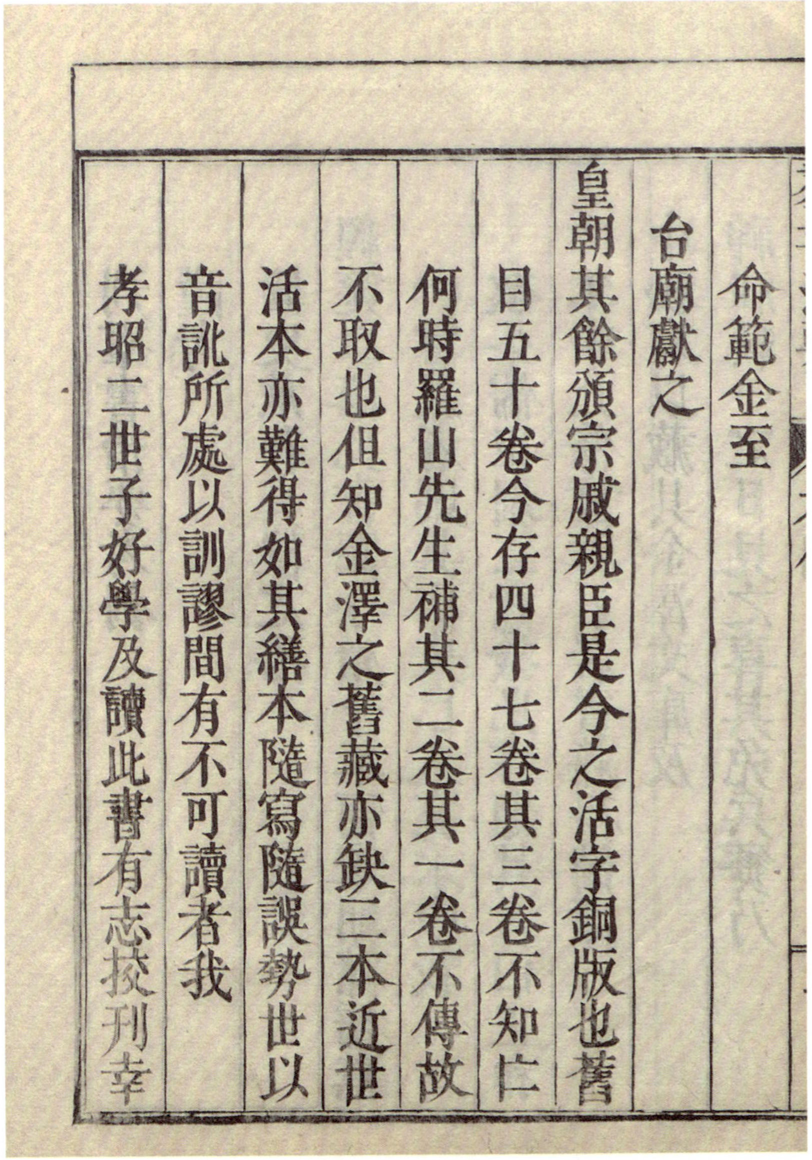
命範金至
台廟獻之
皇朝其餘頒宗戚親臣是今之活字銅版也舊
目五十卷今存四十七卷其三卷不知亡
何時羅山先生補其二卷其一卷不傳故
不取也但知金澤之舊藏亦鈌三本近世
活本亦難得如其繕本隨寫隨誤勢世以
音訛所處以訓謬間有不可讀者我
孝昭二世子好學及讀此書有志挍刊幸

圖十一　天明七年刊本考例第一葉 b 面（内閣文庫藏本）

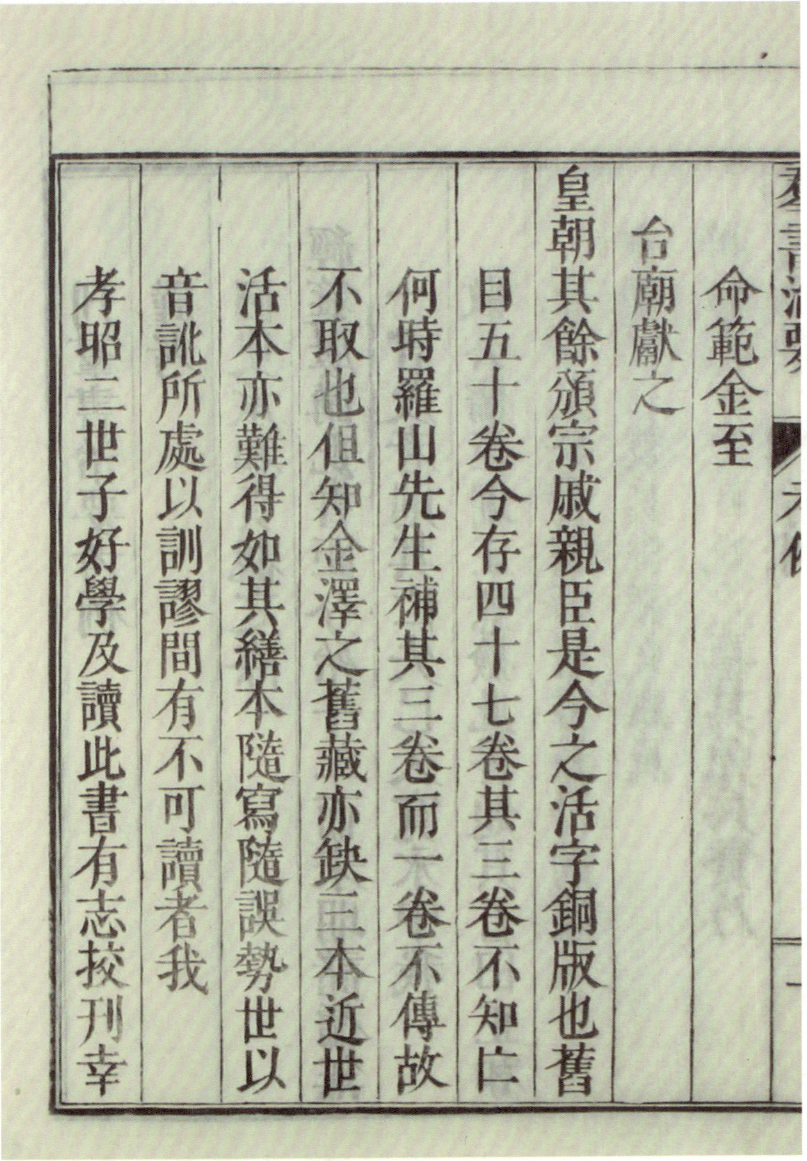
命範金至
台廟獻之
皇朝其餘頒宗戚親臣是今之活字銅版也舊
目五十卷今存四十七卷其三卷不知亡
何時羅山先生補其三卷而一卷不傳故
不取也但知金澤之舊藏亦鈌三本近世
活本亦難得如其繕本隨寫隨誤勢世以
音訛所處以訓謬間有不可讀者我
孝昭二世子好學及讀此書有志挍刊幸

圖十二　天明七年刊寬政三年修本考例第一葉 b 面（内閣文庫藏本）

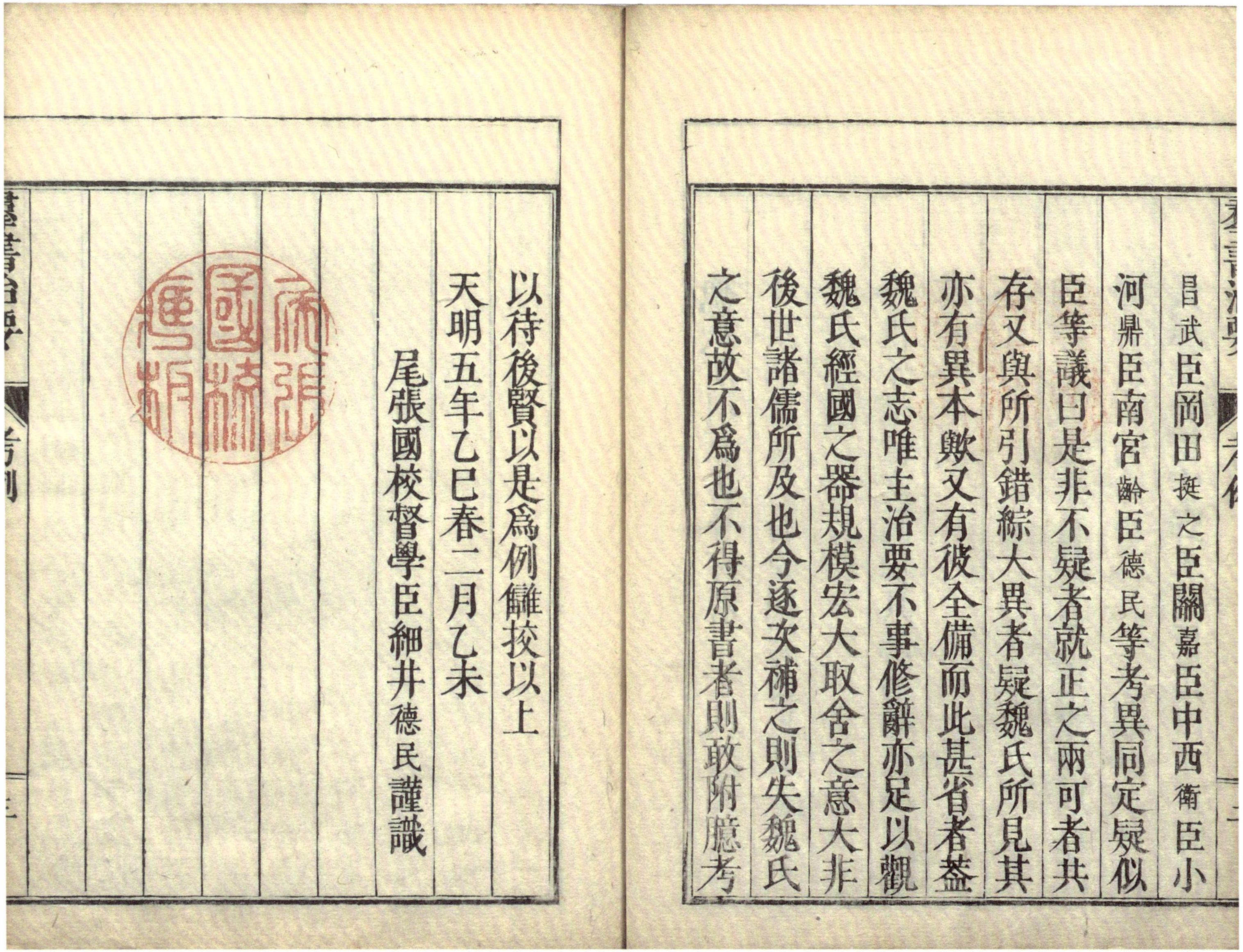

圖十三　天明七年刊本考例末，鈐“尾張國校藏板”圓形朱印，裝訂二十五册（内閣文庫藏本）

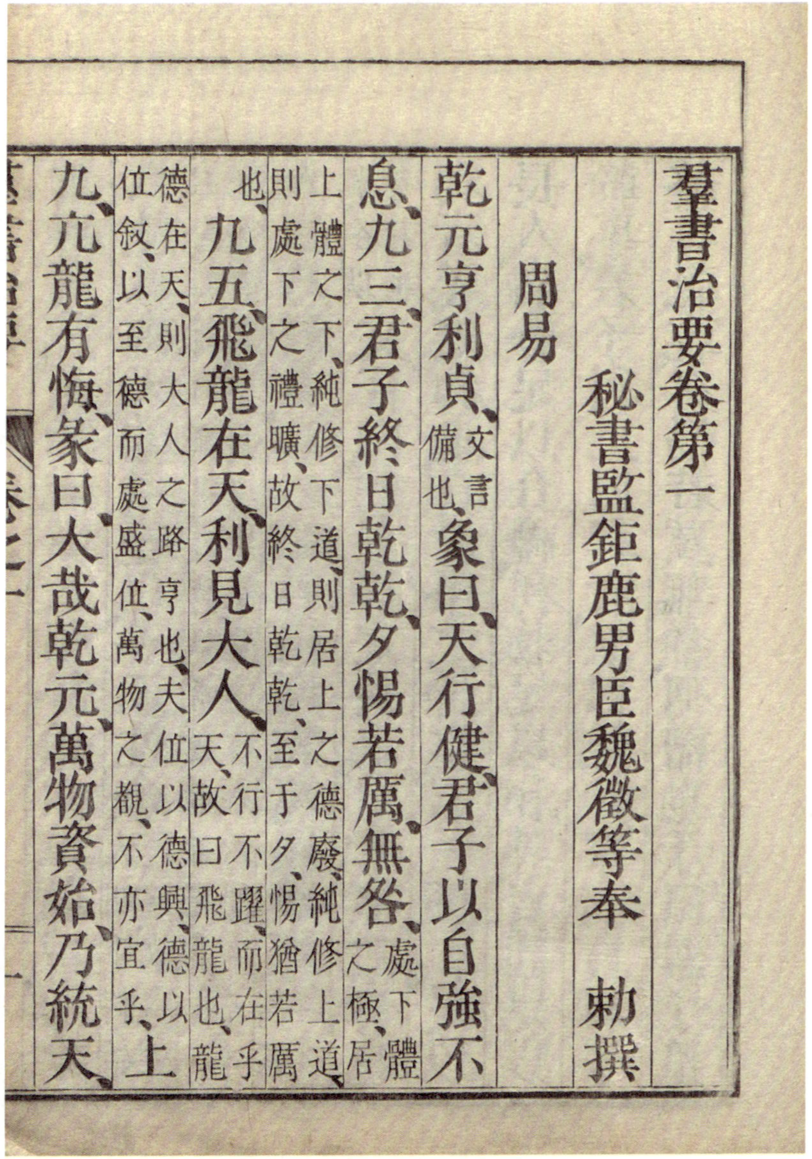

羣書治要卷第一

秘書監鉅鹿男臣魏徵等奉 勅撰

周易

乾元亨利貞。文言備也。象曰。天行健。君子以自強不息。九三。君子終日乾乾。夕惕若厲。無咎。處下體之極。居上體之下。純修下道。則居上之德廢。純修上道。則處下之禮曠。故終日乾乾。至于夕惕。猶若厲也。九五。飛龍在天。利見大人。不行不躍。而在乎天。故曰飛龍也。龍德在天。則大人之路亨也。夫位以德興。德以位敘。以至德而處盛位。萬物之覩。不亦宜乎。上九。亢龍有悔。彖曰。大哉乾元。萬物資始。乃統天。

圖十四　天明七年刊本卷首（内閣文庫藏本）

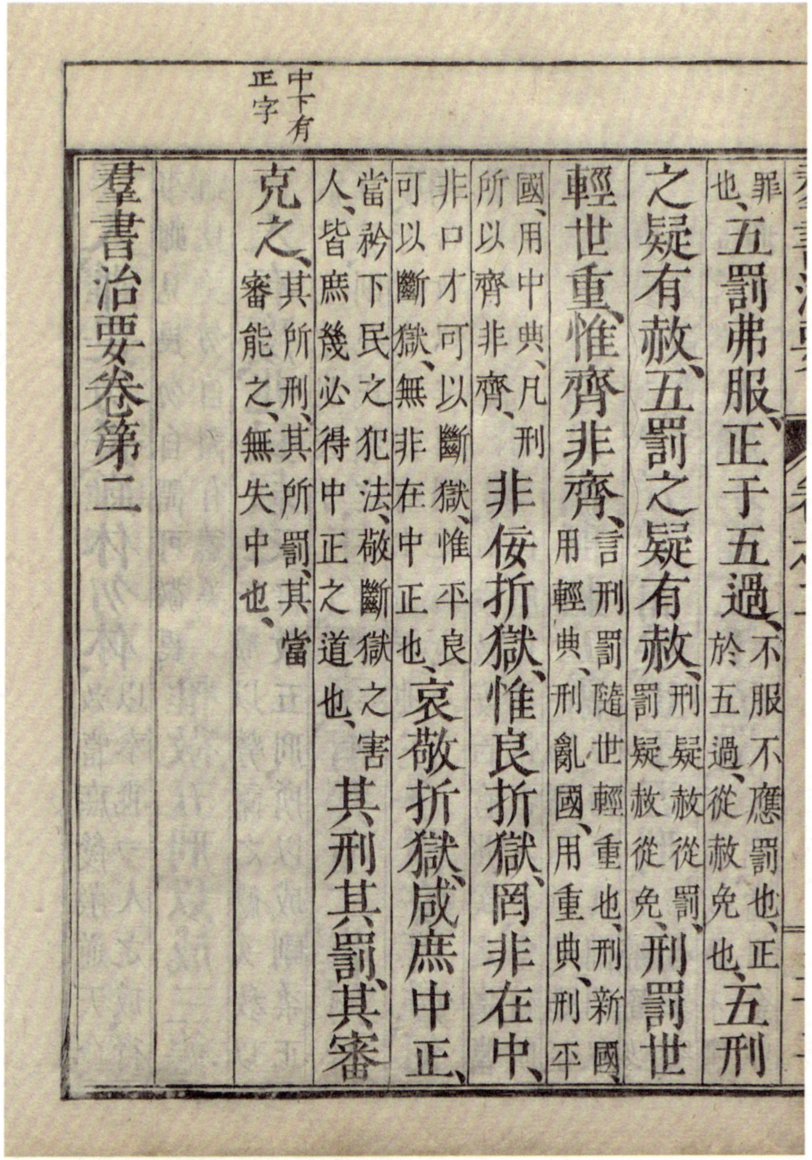

中下有正字

罪也。五罰弗服。正于五過。不服不應罰也。正於五過。從赦免也。五刑之疑有赦。五罰之疑有赦。刑疑赦從罰。罰疑赦從免。刑罰世輕世重。惟齊非齊。言刑罰隨世輕重也。刑新國用輕典。刑亂國用重典。刑平國用中典。凡刑所以齊非齊。非佞折獄。惟良折獄。罔非在中。非口才可以斷獄。惟平良可以斷獄。無非在中正也。哀敬折獄。咸庶中正。當矜下民之犯法。敬斷獄之害人。皆庶幾必得中正之道也。其刑其罰其審克之。其所刑。其所罰。其當審能之。無失中也。

羣書治要卷第二

圖十五　天明七年刊本卷二末（内閣文庫藏本）

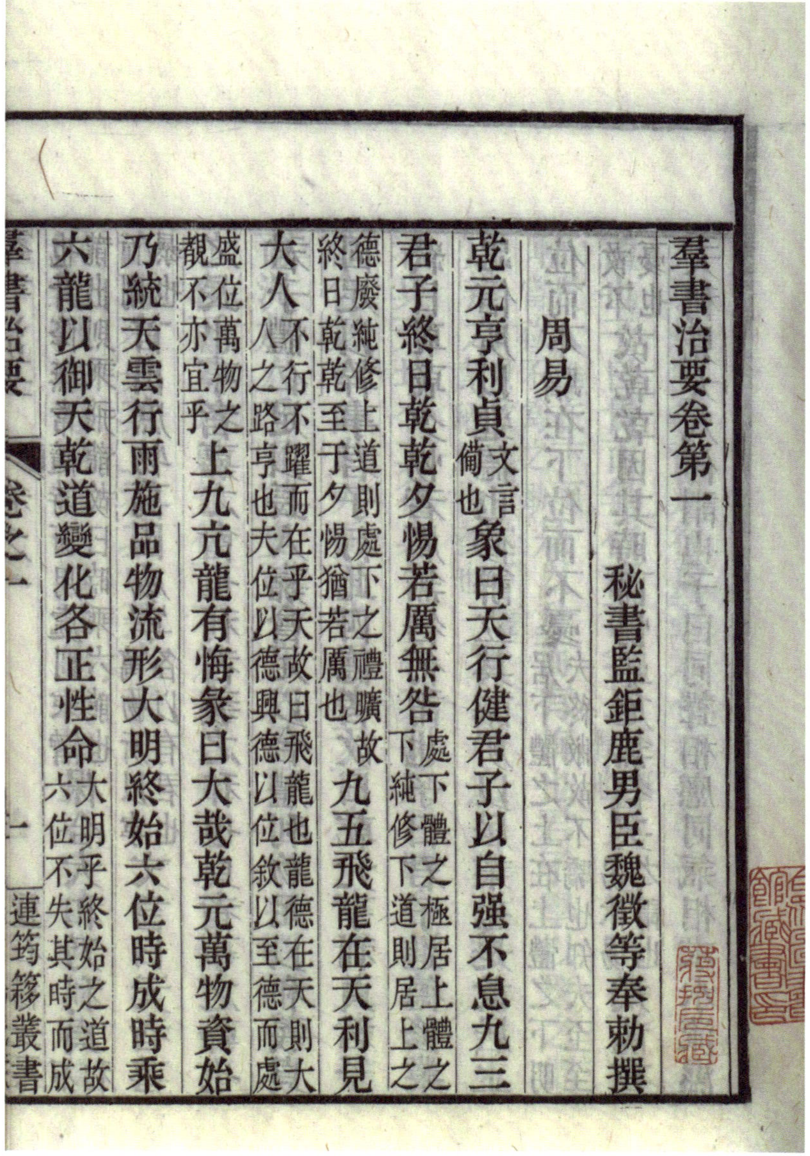

羣書治要卷第一

秘書監鉅鹿男臣魏徵等奉勑撰

周易

乾元亨利貞文言備也象曰天行健君子以自強不息九三君子終日乾乾夕惕若厲無咎處下體之極居上體之下純修下道則居上之德廣純修上道則處下之禮曠故終日乾乾至于夕惕猶若厲也九五飛龍在天利見大人不行不躍而在乎天故曰飛龍也龍德在天則大人之路亨也夫位以德興德以位敘以至德而處盛位萬物之覩不亦宜乎上九亢龍有悔象曰大哉乾元萬物資始乃統天雲行雨施品物流形大明終始六位時成時乘六龍以御天乾道變化各正性命大明乎終始之道故六位不失其時而成

羣書治要 卷之一 一 連筠簃叢書

圖十六　連筠簃叢書本卷首（上海圖書館藏本）

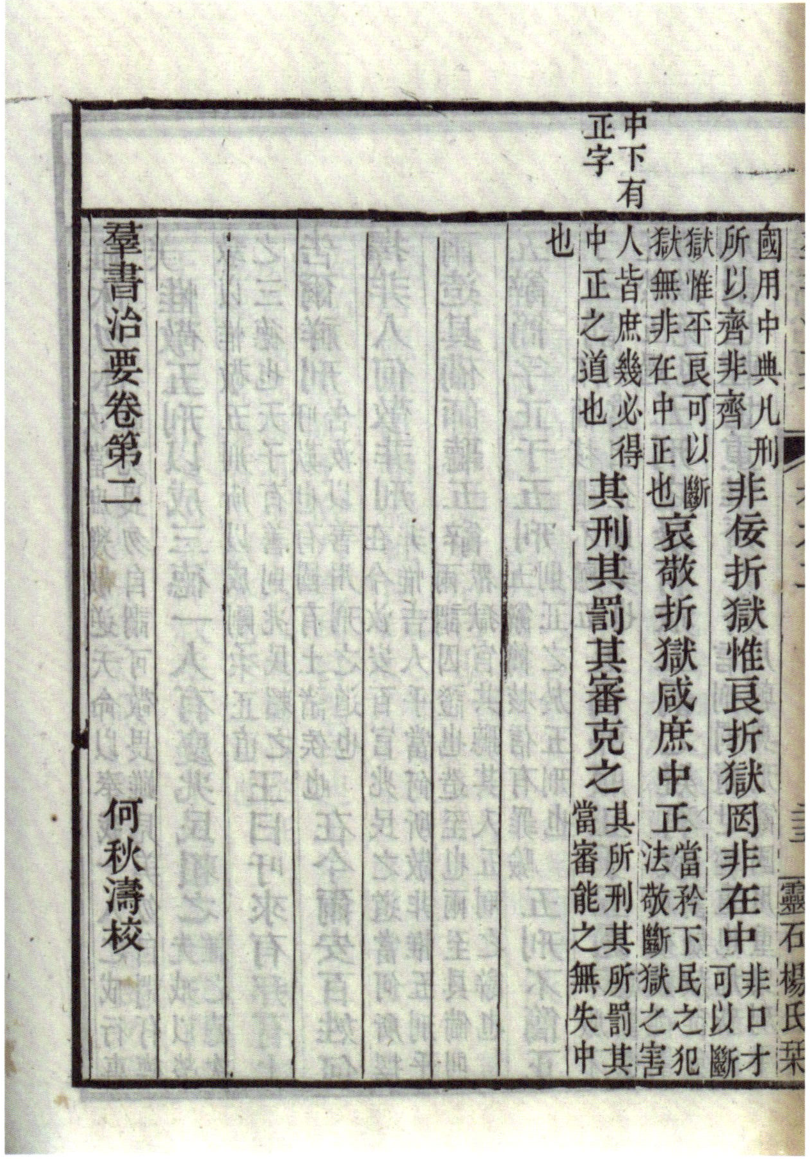

靈石楊氏栞 三

中下有正字

國用中典凡刑所以齊非齊非佞折獄惟良折獄罔非在中非口才可以斷獄惟平良可以斷獄無非在中正也哀敬折獄咸庶中正當矜下民之犯法敬斷獄之害人皆庶幾必得中正之道也其刑其罰其審克之其所刑其所罰其當審能之無失中也

羣書治要卷第二

何秋濤校

圖十七　連筠簃叢書本卷二末（上海圖書館藏本）

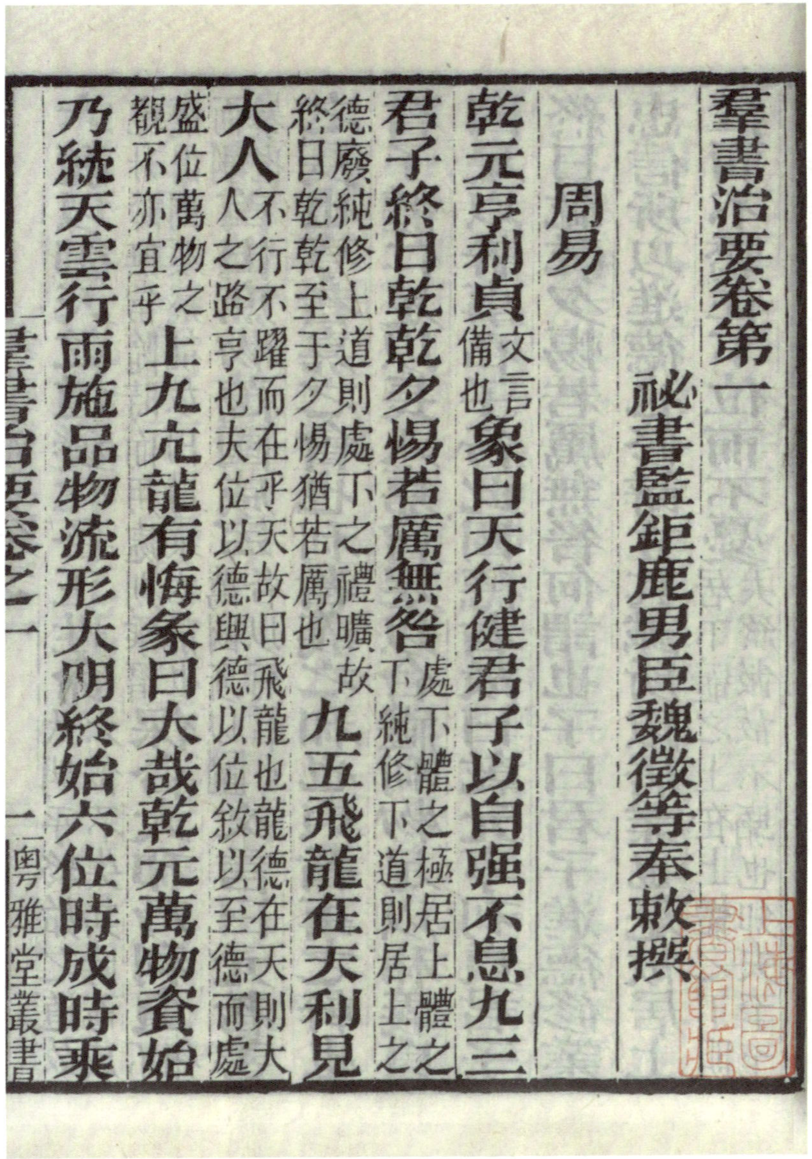

羣書治要卷第一　祕書監鉅鹿男臣魏徵等奉敕撰

周易

乾元亨利貞文言備也象曰天行健君子以自強不息九三
君子終日乾乾夕惕若厲無咎處下體之極居上體之下純修下道則居上之
德廢純修上道則處下之禮曠故終日乾乾至于夕惕猶若厲也九五飛龍在天利見
大人不行不躍而在乎天故曰飛龍也龍德在天則大人之路亨也夫位以德興德以位敘以至德而處
盛位萬物之觀不亦宜乎上九亢龍有悔彖曰大哉乾元萬物資始
乃統天雲行雨施品物流形大明終始六位時成時乘

羣書治要卷之一　一　粵雅堂叢書

圖十八　粵雅堂叢書本卷首（上海圖書館藏本）

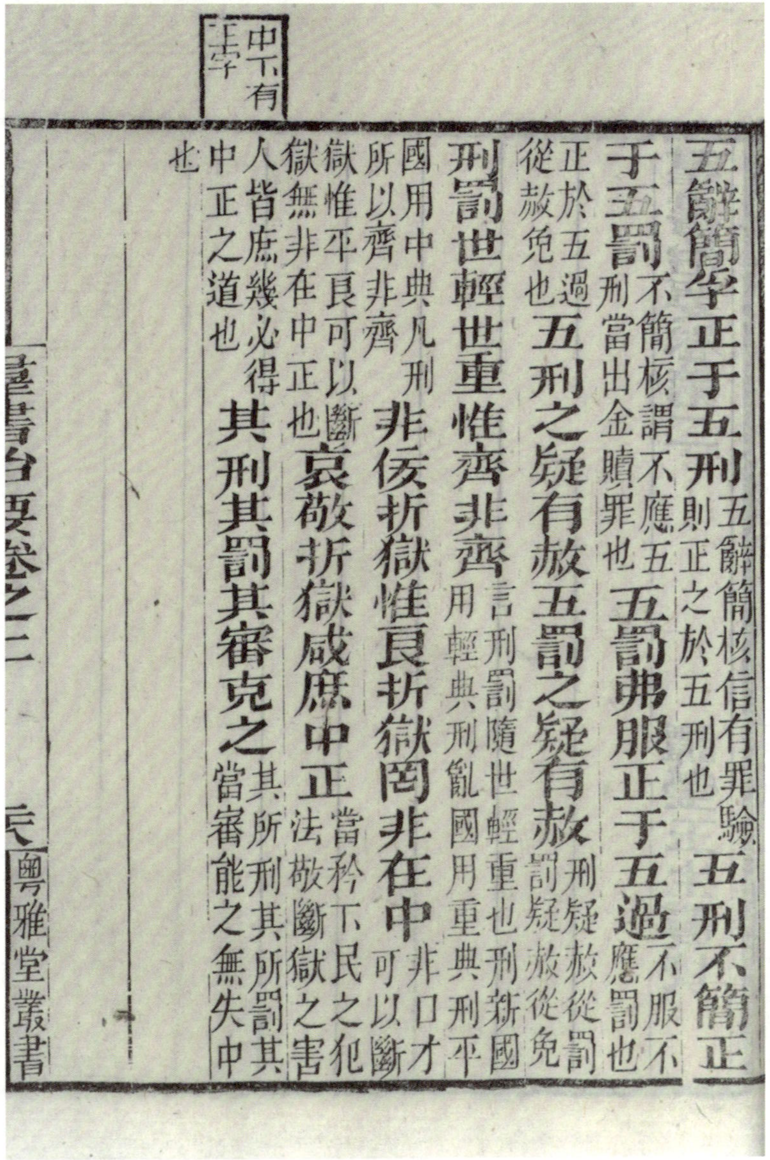

中下有王字

五辭簡孚正于五刑五辭簡核信有罪驗則正之於五刑也五刑不簡正
于五罰不簡核謂不應五刑當出金贖罪也五罰不服正于五過不服不應罰也
正於五過從赦免也五刑之疑有赦五罰之疑有赦刑疑赦從罰罰疑赦從免
刑罰世輕世重惟齊非齊言刑罰隨世輕重也刑新國用輕典刑亂國用重典刑平
國用中典凡刑所以齊非齊非佞折獄惟良折獄罔非在中非口才可以斷
獄惟平良可以斷獄無非在中正也哀敬折獄咸庶中正當矜下民之犯法敬斷獄之害
人皆庶幾必得中正之道也其刑其罰其審克之其所刑其所罰其當審能之無失中
也

羣書治要卷之二　粵雅堂叢書

圖十九　粵雅堂叢書本卷二末（上海圖書館藏本）

出版説明

群書治要是唐貞觀間魏徵等奉敕博採群書，爲朝廷提供歷代修身治國經驗而編纂的一部具有類書性質的官書。書凡五十卷，節録了大量唐前經、史、子三部文獻，在一定程度上保存了古代佚籍和傳世文獻的唐初面貌，具有重要的文獻價值。其篇目的編排、内容的選取，反映了貞觀君臣「以史爲鑒」的施政態度和價值取向，包含了中華傳統政治思想的精粹，是研究思想史、政治史的重要資料。

群書治要在中國流傳不廣，經歷代戰亂，早已失傳，宋代以後就看不到此書的著録。而此書曾經遣唐使抄録帶回日本，却在異域保存和流傳開來。今有藏於東京國立博物館的抄本十三卷，卷軸裝，抄寫於日本平安中期（十一世紀），爲現存群書治要最古抄本。該本舊藏九條公爵家，故世稱「九條家本」。惜殘損嚴重，雖經修復，亦僅復原七卷（卷二十二、卷二十六、卷三十一、卷三十三、卷三十五、卷三十六、卷三十七）。另有一部鎌倉時代（相當於南宋時期）的抄本，存四十七卷（闕卷四、卷十三、卷二十），卷軸裝，據考證其所據底本當爲唐高宗時抄本。原藏金澤文庫，現藏日本宫内廳書陵部，世稱「金澤文庫本」。一六六一年以後，日本先後以金澤文庫本爲底本而刊刻了幾個本子，如駿河活字版、尾張版（天明刊本、寬政刊本）。嘉慶間，天明本傳入中國，阮元收入宛委别藏，後又有連筠簃、粤雅堂進行翻刻。四部叢刊、續修四庫全書均影印收録。然而，中國以天明本爲底本刊印的本子，對抄本書體識讀多有誤，據通行原典改字的情況比較普遍，已失舊本面貌。

一九四一年，宫内廳以珂羅版卷軸裝影印金澤文庫本，贈送日本各地研究機構。一九八九年，日本汲古書院以慶應義塾大學藏珂羅版影印，改爲精裝，由尾崎康、小林芳規二位先生分别撰寫解題。然而，汲古書院本流傳有限，我國學者取用極爲不便。有鑒於此，我社於二〇二〇年策劃在國内首次影印日本藏群書治要古抄本，獲得了日本東京國立博物館和宫内廳書陵部的授權。九條家本邀請香港中文大學潘銘基先生進行校理，金澤文庫本邀請了山東大學江曦先生進行校理。

一、兩種古抄本皆採用灰度影印。原裝爲卷軸，本次對卷子進行裁切。爲避免裁切時行間批校小字等信息遺失，每頁末行在下頁重複出現。

二、汲古書院本於圖版天頭標注行數、紙數，極爲便利於讀者查找引用，本次予以借鑒。九條家本殘破、闕紙情況，亦在相應位置予以標識。

三、底本背面有文字之處，均接相應的正面頁面排版。

四、兩種古抄本解題皆由潘銘基先生撰寫。

五、九條家本一直未爲學界使用，此次進行詳細校理，主要包括：對七卷進行録文，加以全式標點；利用今所得見金澤文庫本、駿河版、天明本以及所引之書的通行本等參校，撰寫校勘記。

六、天明本群書治要是學術史上的通行本，影響深遠。因此本次以金澤文庫本與天明本進行對校，對天明本改字情況作全面梳理。

七、附録。（一）尾崎康先生撰有群書治要及其存世本一文，經尾崎先生本人授權，由王菲先生翻譯；（二）輯録日、中群書治要各刻本序跋，歷代書目著録情況，皆附於金澤文庫本校理部分之後。

上海古籍出版社

二〇二三年十一月

總目録

第四册

第五册

第六册

第七册

第八册

校理

第九册

本册目録

圖版

群書治要卷第六……二八七

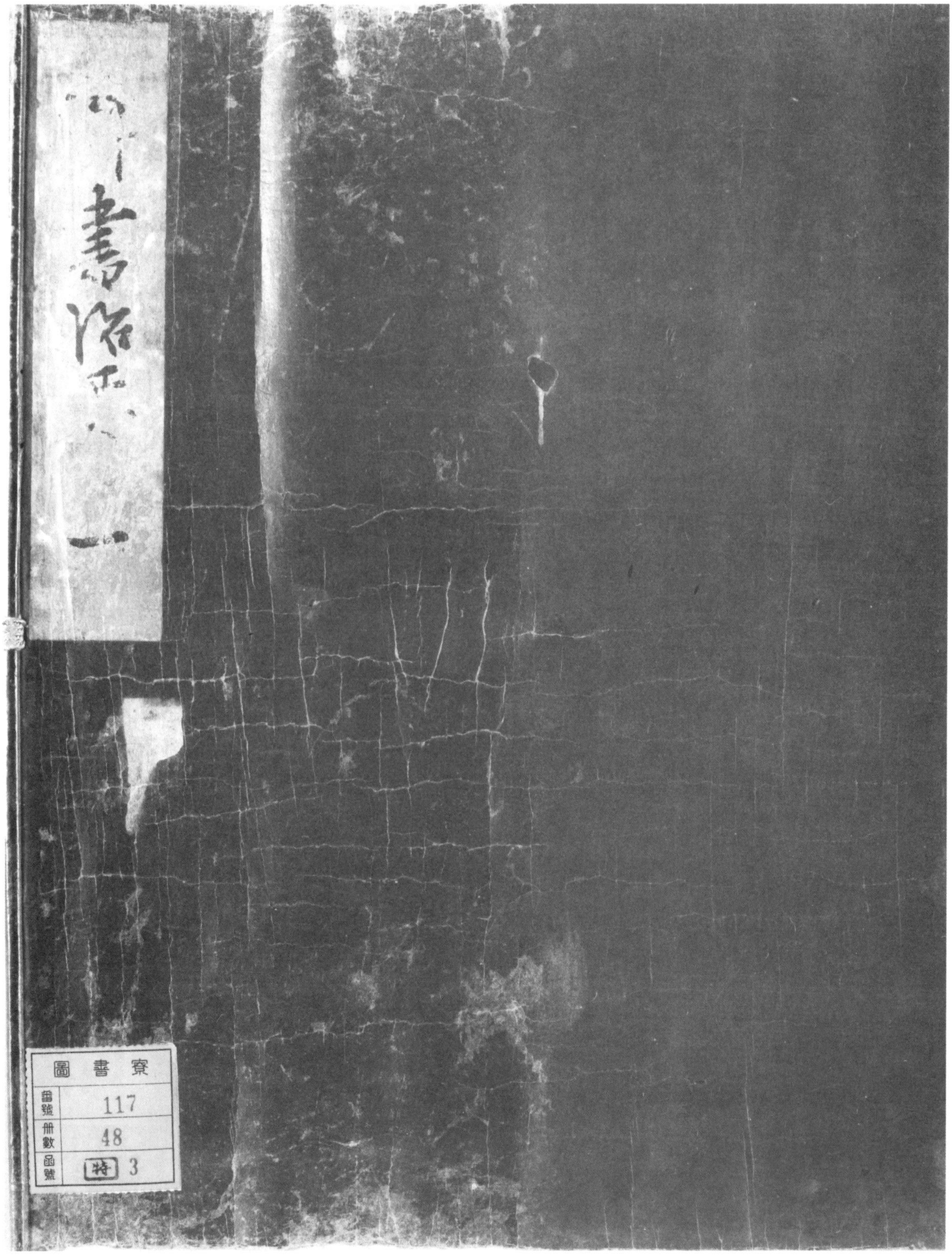
書
圖書寮
番號
117
冊數
48
函號
特
3

【第一紙】

群書治要序　秘書監鉅鹿男臣魏徵等奉　勅撰

竊惟載籍之興其來尚矣左史右史記事記言皆所以昭德塞違勸善懲惡故作而可紀薰風揚乎百代動而不法炯戒垂乎千祀是以歷觀前聖撫運膺期莫不懔乎御朽自強不息乾乾夕惕義在茲乎近古皇王時有撰述並皆包括天地牢籠群有競採浮艷

並皆包括天地牢籠羣有競採浮艶
之詞爭馳迂誕之說騁末學之博聞飾
雕蟲之小伎流宕忘反殊塗同致雖辯
周萬物愈失司契之源術總百端彌乖
得一之旨皇上以天縱之多才運生知之
叡思性與道合動妙幾神玄德潛通化
前王之所未化損己利物行列聖之所不
能行翰海龍庭之野並為郡國扶桑若
木之域咸襲纓冕天地成平外內禔福

【第二紙】

木之域咸襲纓冕天地成平外内禔福
猶且為而不恃雖休勿休俯協堯舜
式遵稽古不察貌乎止水將取
鑒乎哲人以為六籍紛綸百家踳駮窮
理盡性則勞而少功周覽汎觀則博
而寡要故爰命臣等採摭群書翦
截淫放光昭訓典聖思所存務乎政
聖思所存務乎政術綴敘大略咸發神
衷雅致鉤深規摹宏遠網羅治體事

衷雅致鈎深規摹宏遠綱羅治體事
非一目若乃欽明之后屈己以救時無
道之君樂身以亡國或臨難而知懼在危
而獲安或得志而驕居業成以致敗者莫
不備其得失以著爲君之難具委質策
名立功樹惠貞心直道忘軀殉國身殞
百年之中聲馳千載之外或大姦巨
猾轉日迴天社鼠城狐反白作黑忠良
由其放逐邦國因以危亡者咸亦述其

【第三紙】

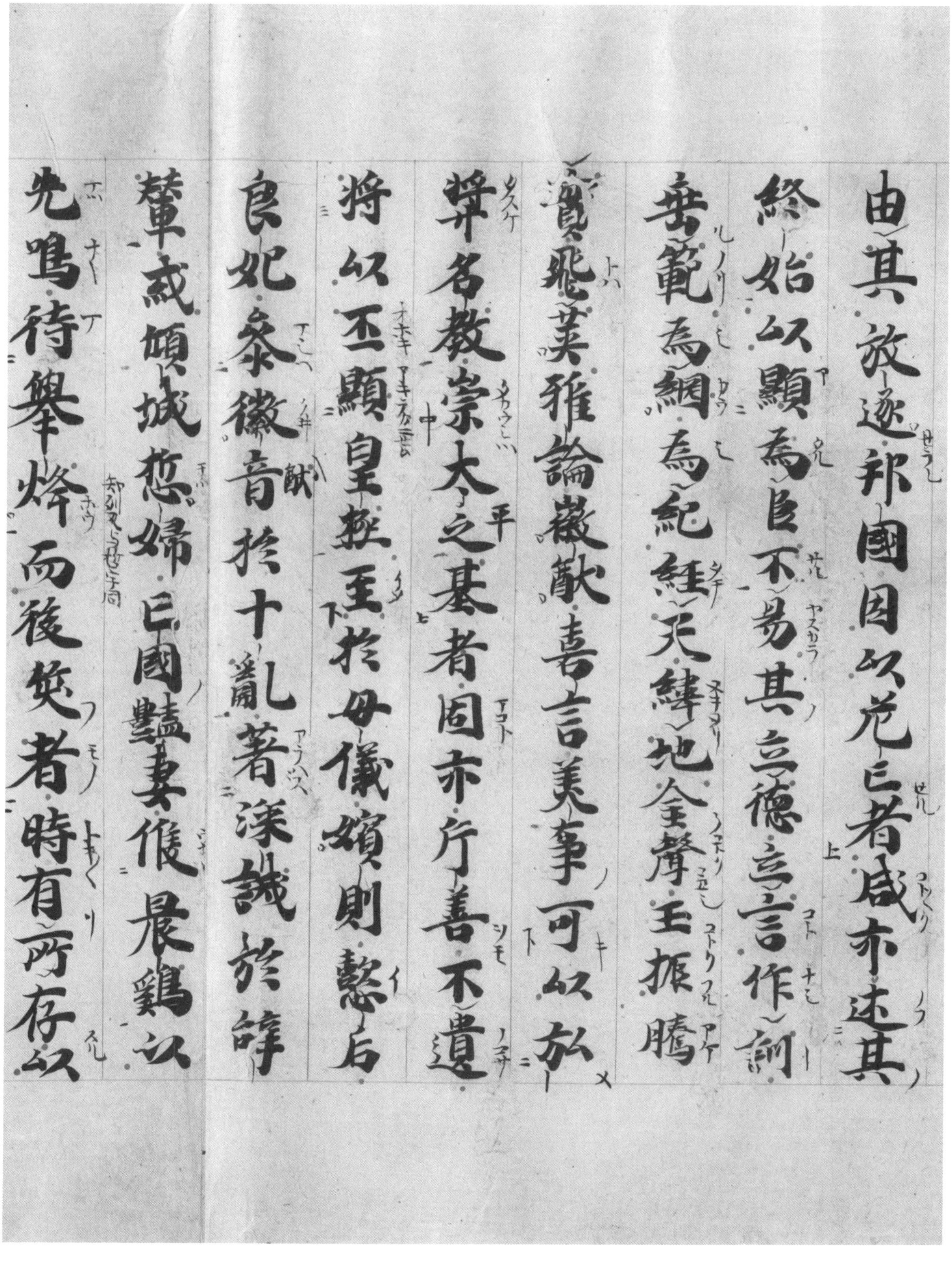
由其放逐邦國因以危亡者咸亦述其
終始以顯為臣不易其立德立言作訓
垂範為綱為紀經天緯地金聲玉振騰
實飛英雅論徽猷嘉言美事可以弘
奬名教崇太平之基者固亦片善不遺
將以丕顯皇極至於母儀嬪則懿后
良妃參徽音於十亂著深誡於辭
輦或傾城哲婦亡國豔妻候晨鷄以
先鳴待舉烽而後笑者時有所存以

光鳴待舉烽而後驚者時有所存以
備勸戒爰自六經訖乎諸子上始五帝
袠 直栗反
下盡晉年凡為五袠合五十卷本求治
要故以治要為名但皇覽遍略隨方類聚
名目互顯首尾淆亂文義斷絕尋究
為難今之所撰異乎先作總立新名各
全舊體欲令見本知末原始要終並弃
彼春華採茲秋實一書之內牙角無遺
一事之中羽毛咸盡用之當今足以鑒覽

一事之中羽毛咸盡用之當今足以殿覽
前古傳之來葉可以貽厥孫謀引而申
之觸類而長蓋亦言之者無罪聞之者足
以自戒庶弘茲九德簡而易從觀彼百王
不疾而速崇巍巍之盛業開蕩蕩之王道
可久可大之功並天地之貞觀日用日新之
德將金鏡以長懸其目錄次第編之如
左

群書治要目錄

【第四紙】

群書治要目録

第一袠十巻

第一　周易

第二　尚書

第三　毛詩

第四　春秋左氏傳上

第五　春秋左氏傳中

第六　春秋左氏傳下

第七　礼記

第十四　漢書二
第十五　漢書三
第十六　漢書四
第十七　漢書五
第十八　漢書六
第十九　漢書七
第廿　漢書八
【第六紙】
第三袟十巻
第廿一　後漢書一

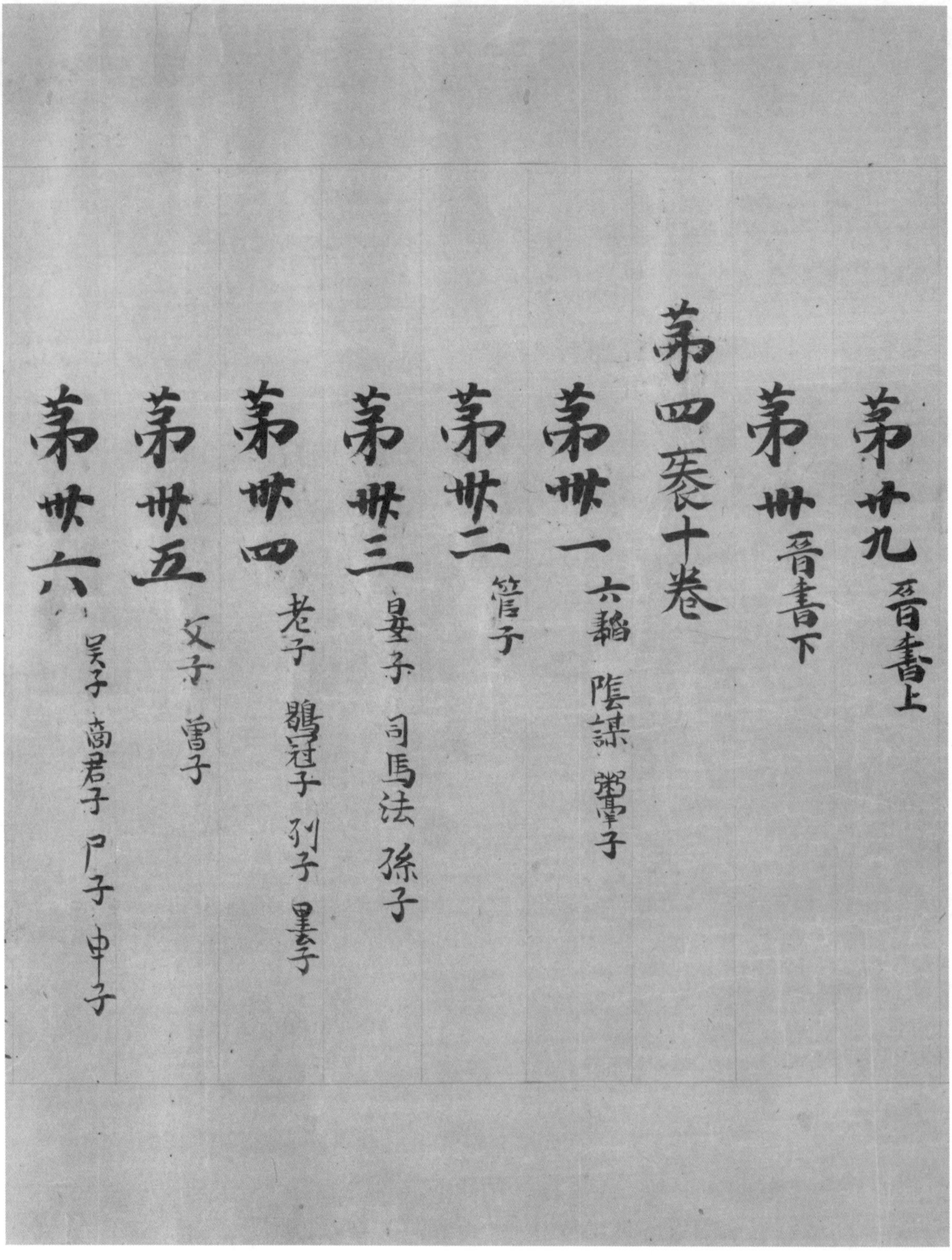

第廿九　晉書上
第卅　晉書下
第四袠十卷
第卅一　六韜　陰謀　鬻子
第卅二　管子
第卅三　晏子　司馬法　孫子
第卅四　老子　鶡冠子　列子　墨子
第卅五　文子　曾子
第卅六　吳子　商君子　尸子　申子

【第七紙】

第卌三　鹽鐵論　桓子新論

第卌四　潛夫論

第卌五　崔寔政論　昌言

第卌六　申鑒中論　典論

第卌七　劉廙政論　蔣子政要論

第卌八　體論　時務論　典語

第卌九　傅子

第五十　袁子書　抱朴子

群書治要卷第一

【第八紙】

群書治要卷第一

周易

易經

乾☰乾元亨利貞（文言備也）象曰天行健君子

以自強不息九三君子終日乾乾夕惕若

厲无咎處下體之極居上體之下非循下道則居上之德廢非循上道則處下之禮曠故終日乾乾

至于夕惕猶若厲之也九五飛龍在天利見大人不行不躍而在

乎天故曰飛龍也龍德在天則大人之路亨也夫位以德興德以位叙以至德而處盛位萬物之覩不亦宜乎

上九亢龍有悔彖曰大哉乾元萬物資

始乃統天雲行雨施品物流形大明終始

始乃統天雲行雨施品物流形大明終始
六位時成時乘六龍以御天乾道變化各
正性命大明乎終始之道故六位不失其時而成也升降无常隨時而用處則乘潛龍出則乘飛龍故曰
時乘六龍也保合大和乃利貞不和而剛暴也首出庶物萬
國咸寧萬國所以寧各以有君也文言曰元者善之長也亨
者嘉之會也利者義之和也貞者事
之幹也君子體仁足以長人嘉會足以合
禮利物足以和義貞固足以幹事君子
行此四德者故曰乾元亨利貞君子終

行此四德者故曰乾元亨利貞君子終
日乾乾夕惕若厲无咎何謂也子曰君子
進德脩業忠信所以進德也脩辭立其誠
所以居業也是故居上位而不驕在下位
而不憂（居下體之上在上體之下明夫終敝故不驕也知夫至至故不憂也）故乾
乾因其時而惕雖危无咎矣（惕怵惕之謂也）飛
龍在天利見大人何謂也子曰同聲相
應同氣相求水流濕火就燥雲從龍風從
虎聖人作而萬物覩亢龍有悔何謂也

【第九紙】

䖏聖人位而萬物覩无能有悔何謂也子曰貴而无位高而无民（下无陰也）賢人在下位而无輔（賢人雖在下而當位不爲之助）是以動而有悔也君子學以聚之問以辯之（以君德而處下體資納於物者也）寬以居之仁以行之夫大人者與天地合其德與日月合其明與四時合其序與鬼神合其吉凶先天而天弗違後天而奉天時天且弗違而況於人乎況於鬼神乎亢之爲言也知進而不知退

況於鬼神乎亢之爲言也知進而不知退
知存而不知亡知得而不知喪其唯聖人乎
知進退存亡而不失其正者其唯聖人乎
坤象曰地勢坤君子以厚德載物彖曰至
哉坤元萬物資生乃順承天坤厚載物
德合无疆含弘光大品物咸亨文言曰坤
至柔而動也剛至靜而德方含萬物而
化光坤道其順乎承天而時行積善之
家必有餘慶積不善之家必有餘殃君

【第十紙】

家必有餘慶積不善之家必有餘殃君
子敬以直内義以方外敬義立而德不孤
也象曰雲雷屯君子以經綸君子經綸之時象曰天
造草昧宜建侯而不寧屯體不寧故利建諸侯也屯者天地造
始之時也造物之始始於冥昧故曰草昧也處造始之時所宜之善莫善建侯也
蒙象曰山下出泉蒙君子以果行育德
彖曰匪我求童蒙童蒙求我志應也我謂非童
蒙者闇者求明明者不諮能闇故蒙之爲義匪我求童蒙童蒙求我也童蒙之來求我志應故也蒙
蒙以養正聖功也

蒙以養正聖功也

師象曰地中有水師君子以容民畜衆

初六師出以律否臧凶

為師之始齊師者也失令有功法所不赦故師出不以律否臧皆凶也

上六大君有命開國承家小人勿用

處師之極師之終也大君之命不失功也開國承家以寧邦也小人勿用非其道也

象曰大君之有命以正功也小人勿用必亂邦也

比象曰地上有水比先王以建萬國親諸侯

萬國以比建諸侯以比親

履象曰上天下澤

親諸侯萬國以比建諸侯以比親履象曰上天下澤
履君子以辯上下定民志
泰象曰天地交泰后以財成天地之道輔
相天地之宜以左右民上下大通則失其節故財成而輔相以左右民也
象曰天地交而萬物通也上下交其志同
也内君子而外小人君子道長小人道消
也否象曰天地不交否君子以儉德避難
不可榮以祿象曰天地不交而萬物不通
也上下不交而天下无邦也内陰而外

【第十一紙】

已上下不交而天下无邦也内陰而外
陽内柔而外剛内小人而外君子小人
道長君子道消也九五休否大人吉其
亡其亡繫于苞桑居否之世能全其身者唯大人耳莖為木ミ
莫善於桑人雖欲有亡之者衆根堅固弗録能拔之也
同人象曰天與火同人天體於上而火炎上同人之義也君子以類
族辯物君子小人各得所同彖曰文明以健中正而應君
子正也行健不以武而以文明用之相應不以邪而以中正應之君子正也唯君子
為能通天下之志君子以文明為德者也

爲能通天下之志　君子以文明爲德者也
大有象曰火在天上大有君子以遏惡
揚善順天休命　大有包容之象也故遏惡揚善成物之美順奉天德休
物之命也　彖曰柔得尊位大中而上下應
之曰大有　處尊以柔居中以大上下應之靡所不納大有之義也　其德剛
健而文明應乎天而時行是以元亨
德應于天則行不失時矣剛健不滯文明不犯應天則大時行无違是以元亨也　上九自
天佑之吉无不利　居大有之上而不累于位志尚於賢者也
謙象曰地中有山謙君子以裒多益

【第十二紙】

千住志尚於賢者也

謙象曰地中有山謙君子以裒多益
寡稱物平施多者用謙以為裒少者用謙以為益隨物而與施不失平也
彖曰謙亨天道下濟而光明地道卑而
上行天道虧盈而益謙地道變盈而
流謙鬼神害盈而福謙人道惡盈而好
謙謙尊而光卑而不可踰君子之終也
初六謙々君子用涉大川吉能體謙々其唯君子用涉
大難物元害者也象曰謙々君子卑以自牧也牧養也九
三勞謙君子有終吉勞謙匪解是以吉也象曰勞謙

三勞謙君子有終吉 勞謙匪懈是以吉也 象曰勞謙
君子萬民服也
豫 餘慮反 象曰雷出地奮豫 彖曰豫順以動故
天地如之 天地以順動故日月不過而四
時不忒 聖人以順動則刑罰清而民服
豫之時義大矣哉
隨 象曰澤中有雷隨 君子以向晦入宴
息 澤中有雷動悅之象也 物皆悅隨 可以无為 不勞明鑒 故君子向晦入宴息也 彖曰隨
時之義大矣哉 得時則天下隨之矣 隨之所施 唯在於時也 時異而不隨 否之道也

時之義大矣哉 得時則天下隨之矣隨之所施唯在於時ゝ異而不隨否之道也故隨時之義大矣哉

觀（官喚反示也）象曰風行地上觀先王以省方觀民設教

彖曰順而巽中正以觀天下觀天之神道而四時不忒聖人以神道設教而天下服

六四觀國之光利用賓于王 居觀之時最近至尊觀國之光者也居近得位明習國儀者也故曰利用賓于王也

九五觀我生君子无咎 上之化下猶風靡草故觀民之俗以察己道百姓有罪在余一人君子風著己乃无咎上為化主將欲自觀乃觀民也

噬嗑（市制反　胡臘反）象曰雷電噬嗑先王以明罰勑法

【第十三紙】

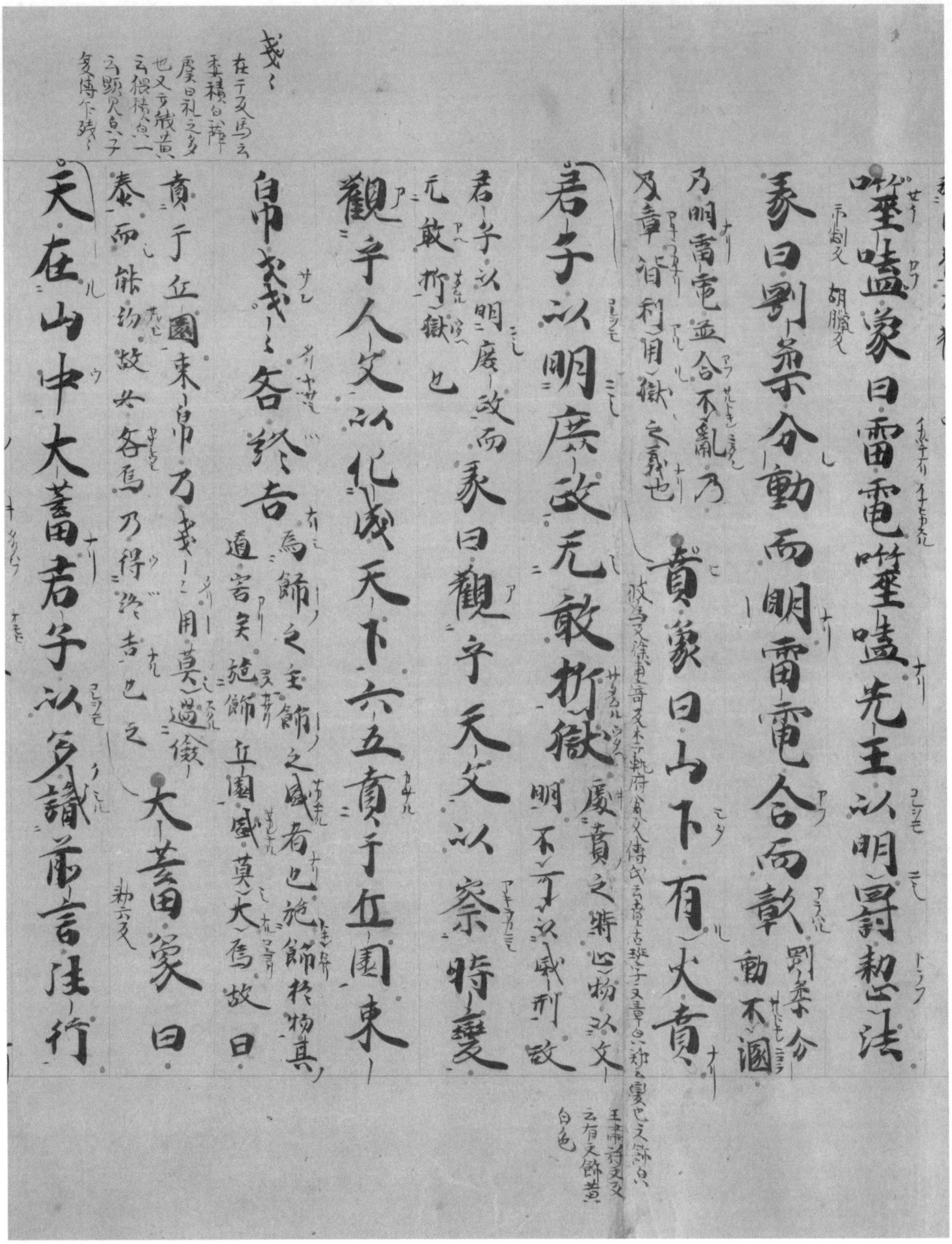

216 噬嗑象曰雷電噬嗑先王以明罰勑法
217 彖曰剛柔分動而明雷電合而章　剛柔分動不溷
218 乃明雷電並合不亂乃章皆利用獄之義也　賁象曰山下有火賁
219 君子以明庶政无敢折獄　處賁之時止物以文明不可以威刑故
220 君子以明庶政而无敢折獄也　彖曰觀乎天文以察時變
221 觀乎人文以化成天下六五賁于丘園束
222 帛戔戔吝終吉　為飾之主飾之盛者也施飾於物其道害矣施飾丘園盛莫大焉故曰
223 賁于丘園束帛乃戔戔用莫過儉泰而能約故必吝焉乃得終吉也　大畜象曰
224 天在山中大畜君子以多識前言往行

云頤貞子
多傳作殘

天在山中大畜君子以多識前言往行以畜其德　物之可畜於懷令德不散盡於此也　彖曰大畜剛健篤實煇光日新其德　凡物能篤實煇光日新其德者唯剛健篤實者也

頤象曰山下有雷頤君子以慎言語節飲食　言語飲食猶慎而節之而況其餘乎　彖曰頤貞吉養正則吉也天地養萬物聖人養賢以及萬民頤之時大矣哉　洊在薦反徐在悶反又才本反介雅云再也劉云仍也京作𣻎于作荐

習便習也重也劉云水流行不休故曰習坎徐古感反本又作陷京劉

習坎象曰水游至習坎君子以常德行習教事　至險未夷教不可廢故以常德行而習教事也習于坎然後乃能不以險難爲困而德行不失常

【第十四紙】

232 教事 至險未夷教不可廢故以常德行而習教事也習乎坎然後能不以險難為困而德行不失常也
233 彖曰習坎重險也天險不可升也不可得升故得保其
234 威尊也 地險山川丘陵也有山川丘陵故物得保以全也 王公設險
235 以守其國 國之為衛恃於險也言自天地以下莫不須險也 險之時用大
236 矣哉 非用之常用有時也
237 離 彖曰明兩作離大人以繼明照于四方
238 繼謂不絕也 彖曰離麗也 麗猶著也各得所著之宜也 日月麗乎天
239 百穀草木麗乎土重明以麗乎正乃化
240 成天下 咸 象曰山上有澤咸君子以

咸天下感象曰山上有澤咸君子以
虚受人以虚受人物乃感應也彖曰咸感也柔上而
剛下二氣感應以相與天地感而萬物
化生二氣相與乃化生也聖人感人心而天下和平觀
其所感而天地萬物之情可見矣天地萬物之情見於
所感
也
恒象曰雷風恒長陽長陰合而相與可久之道也君子以立
不易方得其所久故不易也彖曰天地之道恒久而
不已也得其所久故不已也日月得天而能久照四時

不已也（得其所久故不已也）日月得天而能久照四時變化而能久成聖人久於其道而天下化成（言各得所恒故皆能久長也）觀其所恒而天地萬物之情可見矣（天地萬物之情見於所恒也）九三不恒其德或承之羞（德行无恒自相違錯不可致詰故或承之羞也）不恒其德无所容也

釋文曰或有也一本常也鄭本作咸承

遯象曰天下有山遯（天下有山陰長之象也）君子以遠小人不惡而嚴九五嘉遯貞吉（遯而得正反制於内小人應命率正其志不惡而嚴得正之吉遯之嘉者也）象曰嘉遯貞吉以正志也上九肥遯无不利（最處外極无應於内超然絶志心无疑顧憂患不能累矰繳不能

遯字又作遁同隱退也

【第十五紙】

上九肥遯无不利 最處外極无應於内超然絶志心无疑顧憂患不能累矰繳不能及是以肥遯无不利也 象曰肥遯无不利无所疑也 大壯 象曰雷在天上大壯君子以非禮弗履 壯而違禮則凶凶則喪矣故君子以大壯而順禮也 彖曰大壯利貞大者正也正大而天地之情可見矣 天地之情正大而已矣弘正極大則天地之情可見矣 晉象曰明出地上晉君子以自昭明德 以順著明自顯之道 明夷象曰明入地中明夷君子以莅衆 莅衆顯明蔽偽百姓者也故以蒙養正以明夷莅衆也 用晦而明 藏明於内乃得明也顯明於外巧所避也 彖曰内文明而外柔順以蒙大難文王以之

曰内文明而外柔順以蒙大難文王以之利艱貞晦其明也内難而能正其志箕子以之

家人　家曰風自火出家人〈由内相成熾也〉君子以言有物而行有恒〈家人之道脩於近小而不妄者也故君子言必有物而口无擇言行必有恒而身无擇行也〉彖曰家人女正位乎内男正位乎外天地之大義也家人有嚴君焉父母之謂也父父子子兄兄弟弟夫夫婦婦而家道正正家而天下定矣

【第十六紙】

家道正〻家而天下定矣
睽家曰上火下澤睽君子以同而異乖 同於通ㇾ
異於職事 彖曰睽火動而上澤動而下天地
睽而其事同也男女睽而其志通也萬
物睽而其事類也睽之時用大矣哉 睽離之時
非小人之所能用也
蹇 紀免反難也 象曰山上有水蹇君子以反身脩徳
除難莫若反身脩徳也 彖曰蹇難也險在前也見險
而能止智矣哉六二王臣蹇〻匪躬之故

而能上實矣哉六二王臣蹇〻匪躬之故
處難之時履當其位執心不迴志匡王室者也故曰王臣蹇〻匪躬之故也處中行義以存其上處蹇
以此未見其尤也　象曰王臣蹇〻終无尤也
解彖曰雷雨作解君子以赦過宥罪　音蟹緩也
曰天地解而雷雨作雷雨作而百菓草木
皆甲坼　天地否結則雷雨不作交通感散雷雨乃作也雷雨之作則險厄者亨否結者散故百
菓草木皆甲坼也　解之時大矣哉　无所而不釋也　六三負且
乘致寇至負也　處非其位理非其正以附於四用夫柔邪以自媚者也乘二負四以
容其寇之来也自己所致矣雖幸而免正之所賤也

容其身寇之來也自己所致矣 雖幸而免正之所賤也

損象曰山下有澤損君子以懲忿窒欲 可損之善莫善忿欲 彖曰損益盈虛與時偕行 自然之質各定其分損益將何加焉非道之常故必與時偕行也

益象曰雷風益君子以見善則遷有過則改 增長之名又以弘裕為義 從善改過益莫大焉 彖曰益損上益下民說无疆自上下下其道大光利有攸往中正有慶 五處中正自上下下故有慶也 以中正有慶之德有攸往也何適而不利哉也

升象曰地中生木升君子以慎德積小以成高大 武陵反上也

革象曰澤中 改也

【第十七紙】

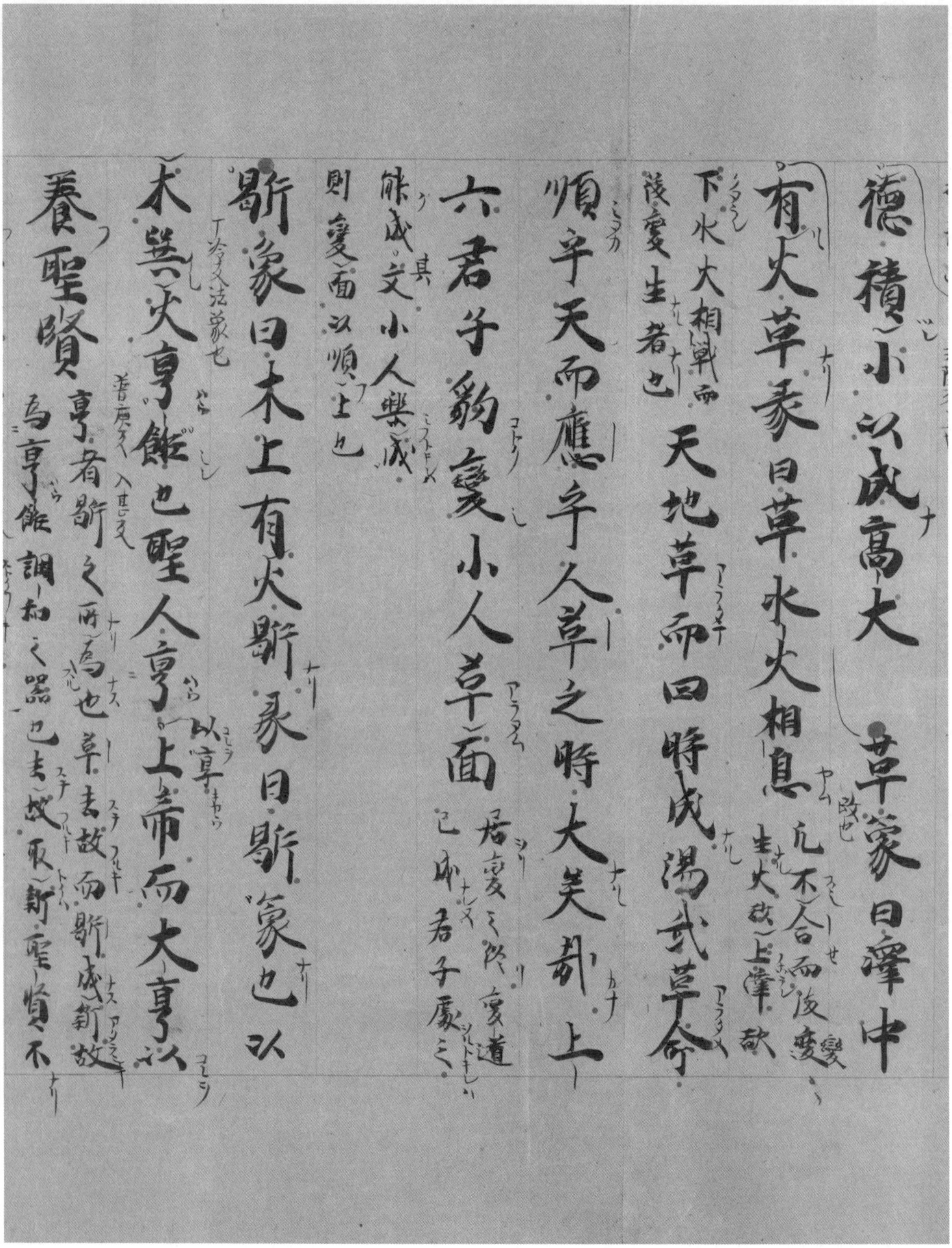
德積小以成高大　革象曰澤中有火革。彖曰革水火相息。凡不合而後變生，火欲上澤欲下，水火相戰而後變生者也。天地革而四時成，湯武革命順乎天而應乎人。革之時大矣哉。上六君子豹變，小人革面。居變之終，變道已成，君子處之能成其文，小人樂成則變面以順上也。鼎象曰木上有火鼎。彖曰鼎象也。法象也。以木巽火亨飪也。聖人亨以享上帝，而大亨以養聖賢。亨者鼎之所爲也。革去故而鼎成新，故爲亨飪調和之器也。去故取新，聖賢不

養聖賢　亨者鼎之所爲也革去故而鼎成新故爲亨飪調和之器也去故取新聖賢不可失也飪孰也天下莫不用之而聖人用之乃上以享上帝下以大亨養聖賢焉
震（動也）驚
百里不喪匕鬯　威震驚乎百里則是可以不喪匕鬯矣　匕所以載鼎實鬯香酒奉宗廟之盛者也
象曰洊雷震君子以恐
懼脩省　彖曰震來虩虩恐致福也震驚
百里驚遠而懼邇也　威震驚乎百里則惰者懼於近矣
出可以守宗廟社稷以爲祭主也　明所以堪長子之義也不喪匕鬯則已出可以守宗廟也
艮象曰兼山艮君子以思不出其位

根恨又止也鄭云艮之言根也

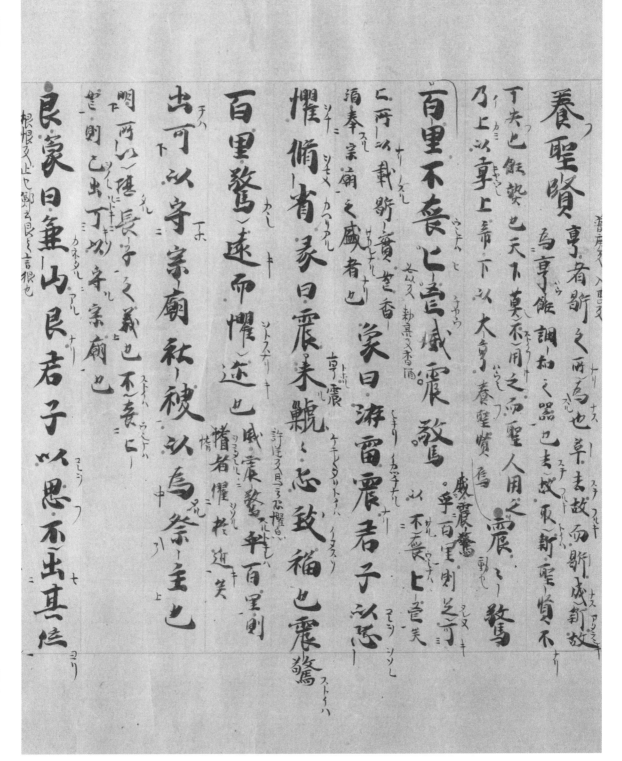

【第十八紙】

艮象曰兼山艮君子以思不出其位（根恨反止也鄭云艮之言很也）

各止其所不侵官也彖曰艮止也時止則止時行則行

動靜不失其時其道光明止道不可常用必施於不可

以行適於其時道乃光明也豐亨王假之（芳忠反充滿意也）大而亨者王之所至也

勿憂宜日中豐之為義闡弘微細通夫隱滯者也為天下之主而令微隱者不亨憂

未已也故至豐亨乃得勿憂也用夫豐亨不憂之德宜處天中以偏照者也故曰宜日中也象曰雷

電皆至豐君子以折獄致刑文明以動不失情理

彖曰日中則昃月盈則食天地盈虛與（蝕本）

時消息而況於人乎況於鬼神乎豐之為用困於

時消息而況於人乎況於鬼神乎 豐之為用困於
昃食者也施於未足則尚之豐施於已盈則
方損不可以為常故具陳消息之道也
兌象曰麗澤兌君子以朋友講習彖
曰兌說也剛中而柔外說以利貞 說而違剛則諂
剛而違說則暴剛中而柔
外所以說以利貞也 是以順乎天而應乎人
天剛而不
失說者也 說以先民民忘其勞說以犯難民
忘其死說之大民勸矣哉
渙象曰風行水上渙九五渙汗其大 呼乱又散也
號渙王居无咎 處尊履正居巽之中散汗大號
以盪險阨者也為渙之主唯王

號渙王居无咎處尊履正居巽之中散汗大號以盪險阸者也為渙之主唯王居之乃得无咎也

節象曰澤上有水節君子以制度數議德行象曰苦節不可貞其道窮為節過時則物不能堪也物不能堪則不可復正已矣悅以行險當位以節中正以通无憂而行險過中而為節則遣窮也天地節而四時成節以制度不傷財不害民

中孚象曰澤上有風中孚君子以議獄緩死信發於中雖過可亮象曰中孚柔在內而剛

【第十九紙】

微賤无信發於中雖過可亮彖曰中孚柔在内而剛
得中悦而巽孚有上四德然後乃孚乃化邦也信立而後邦乃化
也柔在内而剛得中各當其所也剛得中則直而正柔
在内則靜而順悦而以巽則乖爭不作如此則物无巧
競敦實之行著而篤信發乎其中矣豚魚吉信及豚魚魚者蟲之隱者也豚
者獸之微賤者也爭競之道不興中信之德淳著則雖微隱之物信皆及之也中孚以利
貞乃應乎天盛之至也
小過象曰山上有雷小過君子以行過乎恭
喪過乎哀用過乎儉彖曰小過小者過
而亨也小者謂凡諸小事也過於小事而通者也過以利貞與時行也

而亨也（小者謂凡諸小事也過於小事而通者也）過以利貞與時行也
（過而得以利貞應時宜也施過於恭儉利貞者也）柔得中是以小事
吉剛失位而不中是以不可大事（成大事者必在
剛也柔而侵大剝之道也）
既濟彖曰水在火上既濟君子以思患 [節詁文鄭云既已也盡也濟度也]
而豫防之（存不忘亡既濟不忘未濟也）彖曰既濟亨利
貞剛柔正而位當（剛柔正而位當則邪不可以行矣故唯正乃利貞也）
九五東鄰之殺牛不如西鄰之禴祭實
受其福（牛祭之盛者也禴祭之薄者也居既濟之時而處尊位物皆濟矣將何為焉）

受其福。牛祭之盛者也。禴祭之薄者也。居既濟之時而處尊位，物皆盛矣，將何為焉？其所務者祭祀而已。祭祀之盛，莫盛脩德，故沼沚之毛，蘋蘩之菜，可羞於鬼神。黍稷非馨，明德惟馨。是以東鄰殺牛不如西鄰之禴祭實受其福也。

【第二十紙】

繫辭

天尊地卑，乾坤定矣。卑高以陳，貴賤位矣。動靜有常，剛柔斷矣。剛動而柔止也。動止得其常體，則剛柔之分著之。方以類聚，物以群分，吉凶生矣。方有類，物有群，則有同有異，有聚有分也。順其所同則吉，乖其所趣則凶，故吉凶生矣。在天成象，在地成形，變化見矣。象況日月星辰，形況山川草木也。懸象運轉以成昏明，山澤通氣而雲行雨施，故變化見也。是故鼓之以

草木也懸象運轉以成昏明山澤通氣而雲行雨施故變化見也　是故鼓之以
雷霆潤之以風雨日月運行一寒一暑
乾知大始坤作成物乾以易知坤以簡
能天地之道不為而善始不勞而善成故曰易簡之也　易則易知簡則
易從易知則有親易從則有功有親則
可久有功則可大有易簡之德則能可久可大之功也　可
久則賢人之德可大則賢人之業天地易簡萬物
各載其形聖人不為羣方各遂其業德業既成則入於形器故以賢人目其德業也　易簡
而天下之理得矣

而天下之理得矣

易與天地准（作易以准天地也）故能弥綸天下

之道仰以觀於天文俯以察於地理知

幽明之故知死生之説也（幽明者有形无形之象死生者始終之數也）

知鬼神之情状與天地相似（人合德天地故曰相似也）

周乎萬物而道濟天下（智周万物則能以道濟天下也）樂

天知命故不憂（順天之化故曰樂也）範圍天地之化

而不過（範圍者擬範天地而周備其理也）曲成万物而不遺

曲

（曲成者乘變應物不係一方者也則物宜得矣）故神无方而易无體

【第二十一紙】

曲成者乘變應物不係一方者也則物宜得矣 故神无方而易无體 神則陰陽不測易則唯變所適不可以一方一體明也 仁者見之謂之仁智者見之謂之智百姓日用而不知故君子之道鮮矣 君子體道以為用者也體斯道者不亦鮮乎 顯諸仁藏諸用 衣被万物故曰顯諸仁日用而不知故曰藏諸用也 盛德大業至矣哉富有之謂大業 廣大悉備故曰富有 日新之謂盛德 體化合變故曰日新 生生之謂易 陰陽轉易以成化生也 陰陽不測之謂神 神也者變化之極妙万物而為言不可以形詰者也故曰陰陽不測也矣 夫易廣矣大矣以言乎天地之間則

（不測也矣）夫易廣矣大矣以言乎天地之間則備矣廣大配天地變通配四時陰陽之義配日月易簡之善配至德（易之所載配此四義也）子曰易其至矣乎夫易聖人所以崇德而廣業也（窮理入神其德崇也兼濟萬物其業廣也）天地設位而易行乎其中矣聖人有以見天下之賾而擬諸其形容象其物宜（乾剛坤柔各有其體故曰擬諸其形容也）擬之而後言議之而後動擬議以成其變化（擬議以動則盡變化之道也）鳴鶴在陰

【第二十二紙】

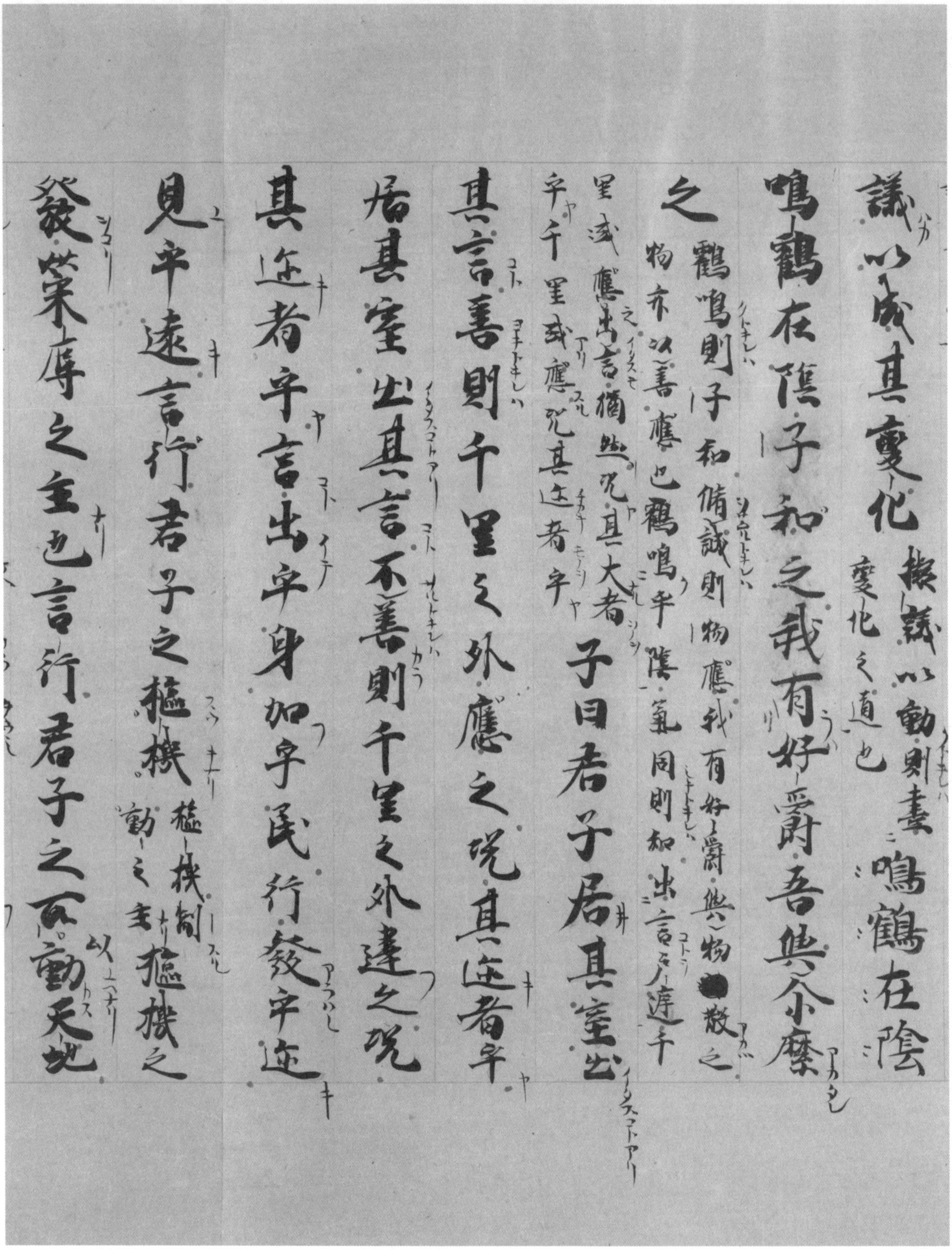

議以成其變化（擬議以動則盡變化之道也）鳴鶴在陰
鳴鶴在陰子和之我有好爵吾與尒靡
之（鶴鳴則子和脩誠則物應我有好爵與物散之
物亦以善應也鶴鳴乎陰氣同則和出言乎邇千
里感應出言猶然況其大者
乎千里感應況其近者乎）子曰君子居其室出
其言善則千里之外應之況其邇者乎
居其室出其言不善則千里之外違之況
其邇者乎言出乎身加乎民行發乎邇
見乎遠言行君子之樞機（樞機制動之主）樞機之
發榮辱之主也言行君子之所以動天地

發榮辱之主也言行君子之所動天地
可不慎乎同人先號咷而後笑子曰君
子之道或出或處或默或語二人同
心其利斷金同人終獲後笑者以有同心之應也夫所謂同者豈係乎一方哉
君子出處默語不違其中則其迹雖異道同則應也同心之言其臭如
蘭藉用白茅无咎子曰苟錯諸地而
可矣藉之用白茅何咎之有慎之至也勞
謙君子有終吉子曰勞而不伐有功而
不德厚之至也語以其功下人者也德

以爲階　本作

不德厚之至也語以其功下人者也德
言盛禮言恭謙也者致恭以存其位
者也不出戶庭无咎子曰亂之所生
也則言語爲之階君不密則失臣
不密則失身機事不密則害成是以
君子愼密而不出也子曰爲易者其知盜
乎言盜亦乘舋而至也易曰負且乘致寇至負也
者小人之事也乘也者君子之器也小人而乘
君子之器盜思奪之矣上慢下暴盜

【第二十三紙】

君子之器盜思奪之矣上慢下暴盜
思伐之矣慢藏誨盜冶容誨淫易曰
負且乘致寇至盜之招也子曰易有
聖人之道四焉以言者尚其辭以動者尚其
變以制器者尚其象以卜筮者尚其占此
存乎器象可得而用者也是以君子將有為也將有行也
問焉而以言其受命也如嚮无有遠近幽
深遂知來物非天下之至精其孰能與
此參伍以變錯綜其數通其變遂成

參伍以變錯綜其數通其變遂成
天下之文極其數遂定天下之象非天下
之至變其孰能與於此易无思也无為
也寂然不動感而遂通天下之故非天
下之至神其孰能與於此夫易聖人之
所以極深而研幾也唯深也故能通天
下之志唯幾也故能成天下之務極未
形之理則曰深適動微之會則曰幾也唯神也不疾而速不行
而至子曰易有聖人之道四焉者此之謂

【第二十四紙】

而至子曰易有聖人之道四焉者此之謂
也四者由聖道以成故曰聖人之道也夫易開物成務冒天下
之道如斯而已者也冒覆也言易通万物之志成天下之務其
道可以覆冒天下也是故聖人以通天下之志以
定天下之業以斷天下之疑其孰能
與於此哉古昔之聰明叡知神武而不殺者
夫服萬物而不以威刑者也是以明於天之道而察於
民之故以神明其德一闔一闢謂之變
往來不窮謂之通見乃謂之象兆見曰象形

往來不窮謂之通見乃謂之象（兆見曰象）形
乃謂之器（成形曰器）制而用之謂之法利用
出入民咸用之謂之神法象莫大乎
天地變通莫大乎四時懸象著明莫
大乎日月崇高莫大乎富貴（位所以一天下之動而
濟萬物也）備物致用立成器以爲天下利莫
大乎聖人探賾索隱鉤深致遠以定天
下之吉凶成天下之亹亹者莫善乎蓍龜
子曰天之所助者順也人之所助者信

子曰天之所助者順也人之所助者信也履信思乎順是以自天佑之吉无不利天地之道貞觀者也明夫天地万物莫不保其貞以全其用也日月之道貞明者也天下之動貞夫一者也天地之大德曰生聖人之大寶曰位何以守位曰仁何以聚人曰財所以資物生也理財正辭禁民為非曰義易曰困于石據于蒺蔾子曰非所困而困焉名必辱非所據而據焉身必危子曰

【第二十五紙】

名必辱非所據而據焉身必危子曰
小人不恥不仁不畏不義不見利不
勸不威不懲小懲而大誡此小人之福
也易曰屨校滅趾无咎此之謂也善
不積不足以成名惡不積不足以滅身
小人以小善爲无益而弗爲也以小惡
爲无傷而弗去也故惡積而不可掩罪
大而不可解也易曰何校滅耳凶子曰
危者安其位者也亡者保其存者

危者安其位者也亡者保其存者
也亂者有其治者也是故君子安不
忘危存不忘亡治不忘亂是以身安而
國家可保也易曰其亡其亡繫于苞
桑子曰德薄而位尊智小而謀大力少
而任重鮮不及矣易曰鼎折足覆公餗
其形渥凶言不勝其任也子曰知幾其
神乎君子上交不諂下交不瀆其
知幾乎幾者動之微君子見幾而作

【第二十六紙】

知幾乎幾者動之微君子見幾而作
不俟終日易曰介于石不終日貞吉
定之於始故不待終日君子知微知彰知柔知剛萬
夫之望此知幾其神也若子曰顏氏之子其殆庶
幾乎有不善未嘗不知知之未嘗復行
也易曰不遠復无祇悔元吉子曰君子
安其身而後動易其心而後語定其
交而後求君子脩此三者故全也危
以動則民不與也懼以語則民不應也

以動則民不與也懼以語則民不應也无交而求則民不与莫之與則傷之者至矣子曰履德之基也（基所蹈也）謙德之柄也復德之本也恒德之固也（固不傾移也）損德之修也益德之裕也（能益物者其德寛大也）困德之辯也（困而益明）夫乾天下之至健也德行恒易以知險夫坤天下之至順也德行恒簡以知阻能説諸心能研諸侯之慮（諸侯物主有爲者也能説万物之心能精爲者之務也）定天下之吉凶成天

昔者聖人已下四十字說卦之文也非繫辭文

物主有為者也。能說萬物之心，能精為者之務也。定天下之吉凶，成天下之亹亹者。凡易之情，近而不相得則凶。近況比爻也。將叛者其辭慙，中心疑者其辭枝，吉人辭寡，躁人之辭多，誣善人其辭游，失其守者其辭屈。昔者聖人作易也，將以順性命之理也。是以立天之道曰陰與陽，立地道之曰柔與剛，立人之道曰仁與義。

群書治要卷第一

建長七年八月十四日蒙洒掃少尹
尊教令加點了此書非潔
斎之時有披閲之事何况雖點
末巻暫致遅怠是向年書
不有其煩之故耳

【第二十八紙】

亦有其煩之故耳

前參河守清原（花押）

同年九月三日即奉授酒掃少

尹尊閤了抑此書者當世頗

甚說然後受教授粗授訖

受之大將不聽訓說之相傳

雖為家息之儒人争之稱

雄之果訣

前參河守清原（花押）

511 雄〻集抄

512 前参河守清原（花押）

三三

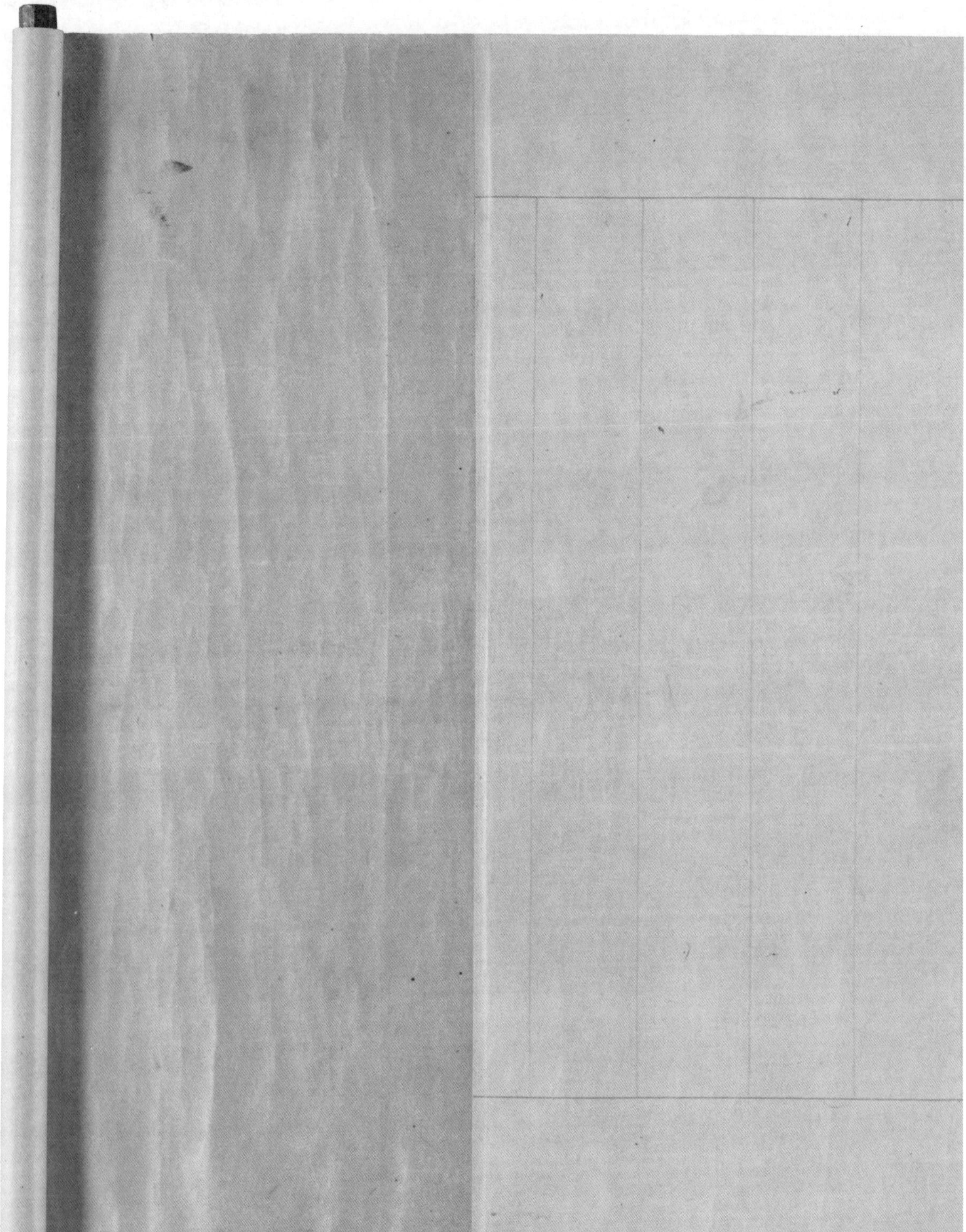

圖書寮
番號 117
冊數 48
函號 3

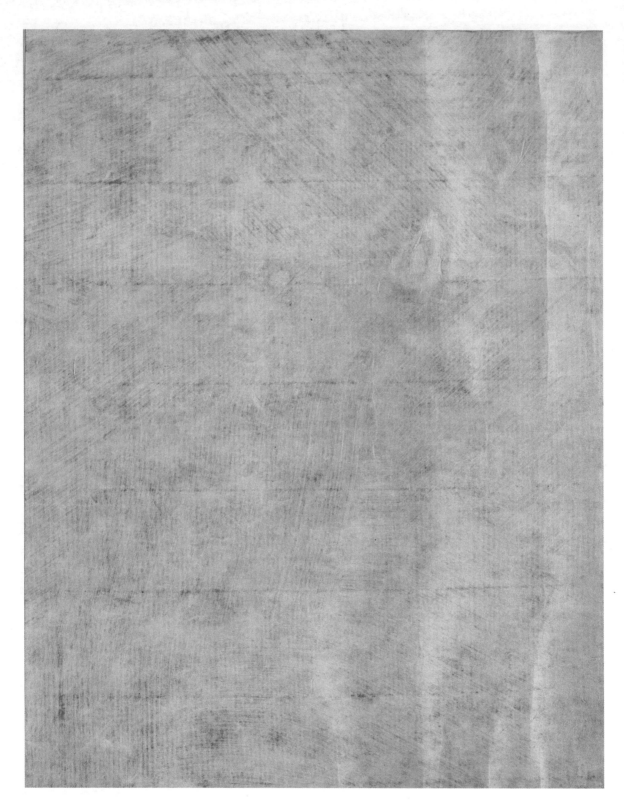

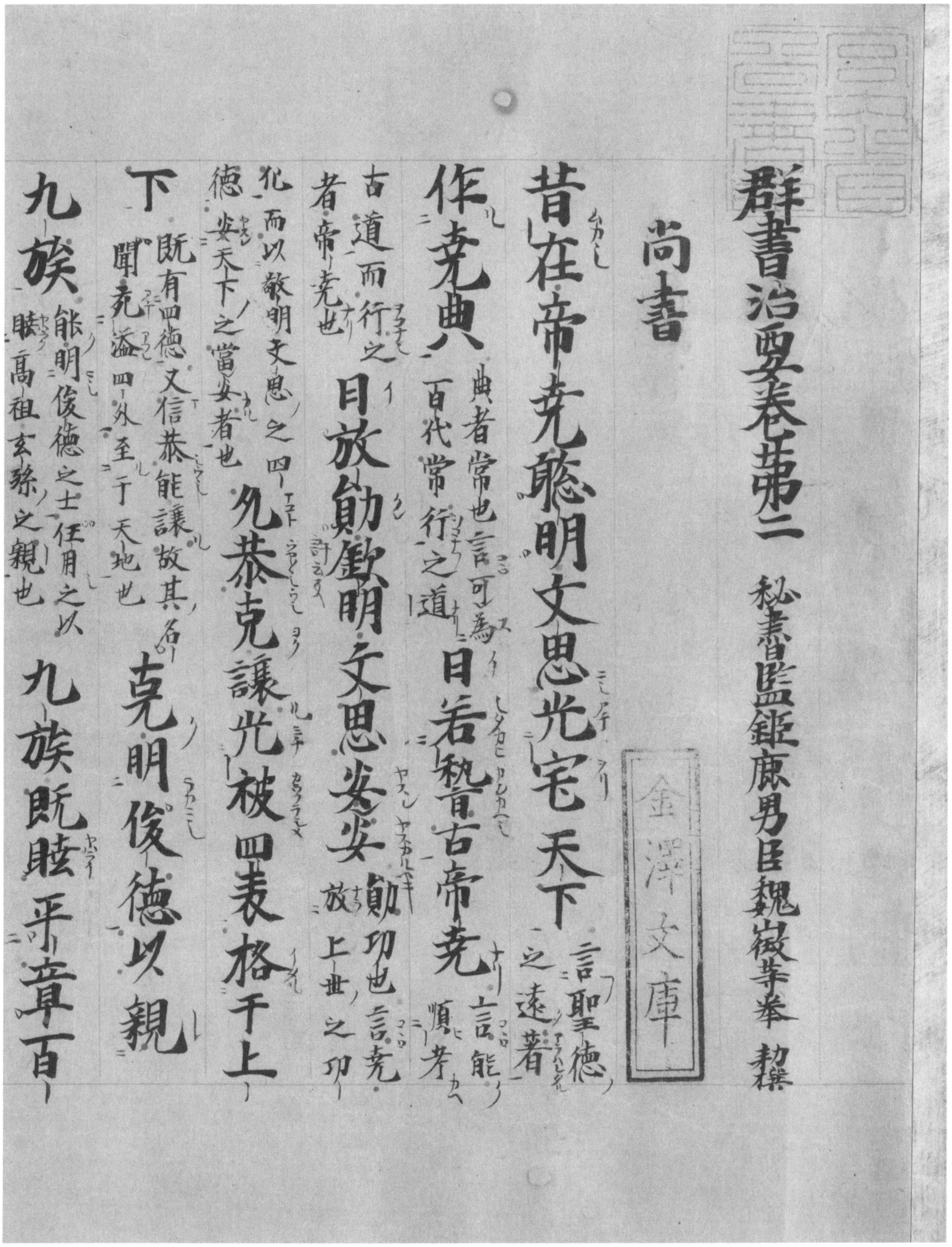

群書治要卷第二　秘書監鉅鹿男臣魏徵等奉　勅撰

尚書

昔在帝堯聰明文思光宅天下　言聖德之遠著

作堯典　典者常也言可為百代常行之道　曰若稽古帝堯　言能順考

古道而行之者帝堯也　曰放勳欽明文思安安　勳功也言堯放上世之功

化而以敬明文思之四德安天下之當安者也　允恭克讓光被四表格于上

下　既有四德又信恭能讓故其名聞充溢四外至于天地也　克明俊德以親

九族　能明俊德之士任用之以睦高祖玄孫之親也　九族既睦平章百

九族 能明俊德之士任用之以睦高祖玄孫之親也 九族既睦平章百姓 百姓百官 百姓昭明協和万邦黎民於變時雍 時是也雍和也言天下衆人皆變化從上是以風俗大和也

虞舜側微堯聞之聰明 側側陋微微賤 將使嗣位歷試諸難 歷試之以難事 愼徽五典五典克從 五典五常之教也謂父義母慈兄友弟恭子孝舜舉八元使布五教于四方五教能從無違命也 納于百揆百揆時叙 揆度舜舉八凱以度百事百事時叙也 賓于四門四門穆穆 賓迎也四門宮四門也舜流四凶族諸侯群臣來朝舜賓迎之皆有美德无凶人也 納于大麓烈風雷雨弗迷 納舜於尊顯之官使大錄万機之政於是陰陽清和烈風雷雨各以期應不有迷錯愆伏

【第二紙】

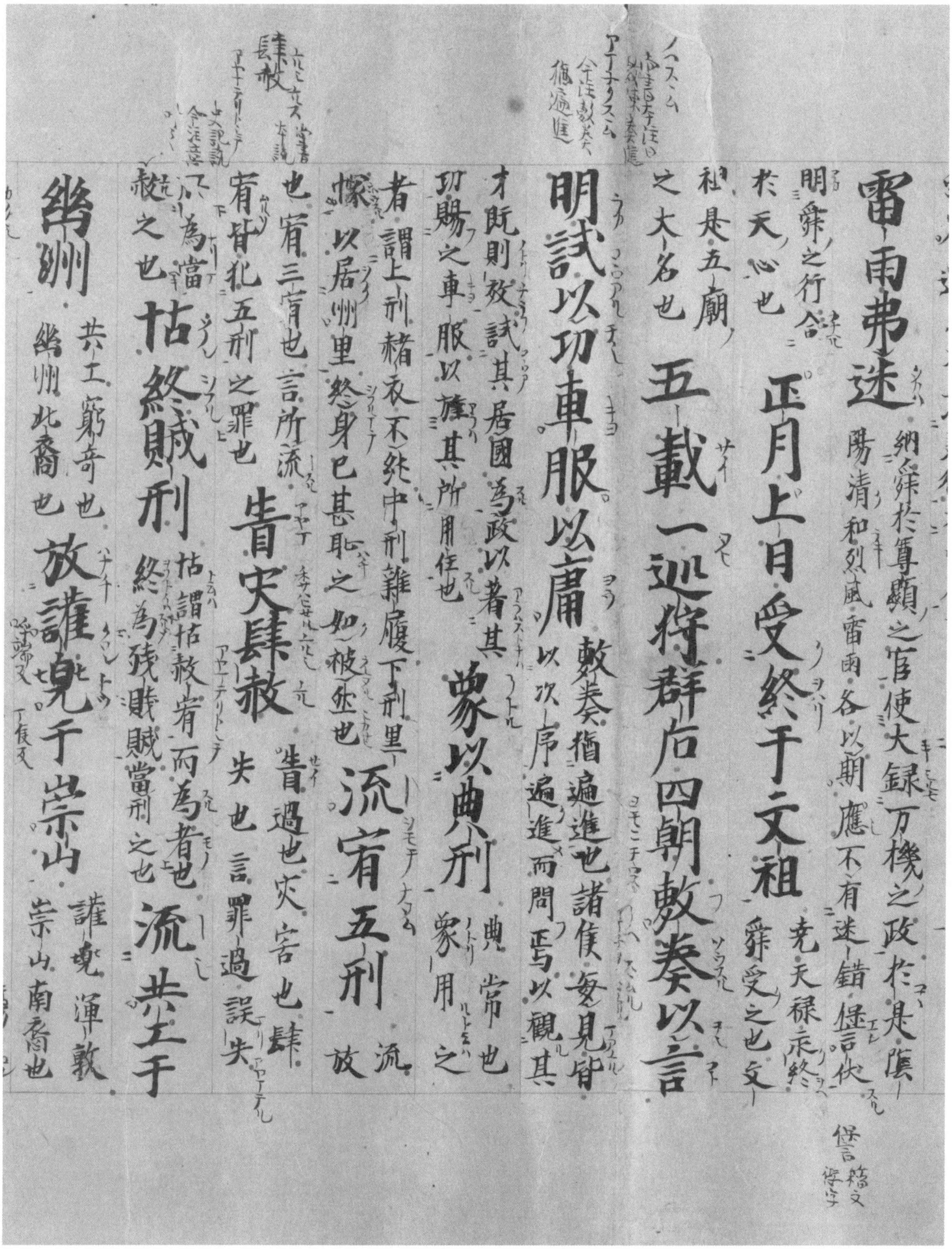
雷雨弗迷
納舜於尊顯之官使大録万機之政於是陰
陽清和烈風雷雨各以期應不有迷錯愆伏
明舜之行合
於天心也
正月上日受終于文祖
堯天禄永終
舜受之也文
祖是五廟
之大名也
五載一巡狩群后四朝敷奏以言
明試以功車服以庸
敷奏猶遍進也諸侯四朝各
以次序遍進而問焉以觀其
才既則效試其居國為政以著其
功賜之車服以旌其所用任也
象以典刑
典常也
象用之
者謂上刑赭衣不純中刑雜屨下刑墨
幪以居州里終身已甚恥之如被刑也
流宥五刑
流
放
也宥三宥也言所流
宥皆化五刑之罪也
眚災肆赦
眚過也災害也肆
失也言罪過誤失
不以為當
赦之也
怙終賊刑
怙謂怙赦宥而為者也
終為殘賊當刑之也
流共工于
幽洲
共工窮奇也
幽洲北裔也
放驩兜于崇山
驩兜渾敦
崇山南裔也

本注曰密静云々

幽洲共工窮奇也幽州北裔也放驩兜于崇山驩兜渾敦崇山南裔也

竄三苗于三危三苗國名也縉雲氏之後爲諸侯号饕餮也三危西裔也殛鯀

于羽山殛誅也羽山東裔也四罪天下咸服美舜之行故本

其徵用之功之廿有八載放勛乃徂落百姓如喪考妣

三載四海遏密八音遏絶也密止也堯崩百姓如喪父母絶止金石八音之樂也

舜格于文祖詢于四岳闢四門開闢四方之門廣致衆賢也明

四目明視四方也達四聰聽達於四方也柔遠能邇能安遠者則能安近也不

能安近則不能安遠也惇德允元所厚而尊者德也所信而行者善也而難任人

任佞也難給之言易撓耳目以理難之也蠻夷率服遠人不服近無不安三載考績

【第三紙】

任佞也辨給之言易撓耳目以理難之也　蠻夷率服　遠无不服迩無不安　三載考績
三考黜陟幽明　黜退也陟升也三歲考功九歲三考退其幽闇无功者升其昭明有功者也
庶績咸熙　九歲三考衆功皆興也
曰若稽古大禹曰后克艱厥后臣克艱
厥臣政乃乂黎民敏德　敏疾也能知為君之難為臣不易則其政治而衆民皆
疾修德也　帝曰俞允若茲嘉言罔攸伏野無遺
賢萬邦咸寧　攸所也善言无所伏言必用也如此則賢材在位天下安也　稽于
衆舍己從人弗虐無告弗廢困窮惟帝
時克　帝謂堯也舜因嘉言無所伏遂稱堯德以成其義考衆從人矜孤愍窮凡人所輕聖人所重也　益

時克 帝謂堯也舜因嘉言無所伏遂稱堯德以成其義 考衆從人矜孤愍窮凡人所輕聖人所重也 益
曰都帝德廣運乃聖乃神乃武乃文 益因
舜言又美堯也廣謂所覆者大運謂所及者遠聖
无所不通神妙无方文経天地武定禍亂也 皇天眷命
奄有四海為天下君 言堯有此德故為天所命所以勉舜也 禹曰惠
迪吉從逆凶惟影響 迪道也順道吉從逆凶吉凶之報若影之隨形響之應
聲言不虛 益曰吁戒哉敬戒無虞罔失法度罔遊
于逸罔淫于樂 淫過也遊逸過樂敗德之源富貴所忽故特以為戒也 任賢
勿貳去邪勿疑疑謀勿成百志惟熙 一意任賢
果於去邪疑則勿行道義所存於心者日以廣也 罔違道以干百姓之譽

果於去邪疑則勿行道
義所存於心者日以廣也
罔違道以干百姓之譽
干求也失道求
名古人賤之也
罔咈百姓以從己之欲
咈戾也專欲
難成犯衆興
禍故戒
[redacted]也
無怠無荒四夷來王
言天子常戒慎无
怠惰荒廢則四
夷歸往
[redacted]之也
禹曰於帝念哉德惟善政政在養民
水火金木土穀惟脩
言養民之本
在先脩六府也
正德利用
厚生惟和
正德以率下利用以阜財厚生
以養民三者和所謂善政也
九功惟
序九序惟歌
言六府三事之功有次序
皆可歌樂乃德政之致
戒之用
休董之用威勸之以九哥俾勿壞
休美
也董
督也言善政之道美以戒之威以督之
歌以勸之使政勿壞在此三者也
帝曰俞地平天成

【第四紙】

督也言善政之道美以戒之威以督之歌以勸之使政勿壞在此三者也帝曰俞地平天成

六府三事允治万世永賴時乃功水土治曰平五行叙曰成

因禹陳九功歎美之言是汝之功也帝曰咎繇惟茲臣庶罔或干予

正或有也無有干我正言順命也汝作士明于五刑以弼五教皐陶今作

期于予治歎其能以刑輔教當於治體也刑期于無刑民協于

中時乃功懋哉雖或行刑以殺止殺刑民皆合于大中終无犯者期於无刑是汝之功勉之也

咎繇曰帝德罔愆臨下以簡御衆以德今作

寬愆過也善則歸君人臣之義也愆今作罰弗及嗣賞延于世嗣亦世

也延及[redacted]世文子罪不相及也[redacted]而及其賞道德之政也宥過無大刑故無

也延及[redacted]世父子罪不相及也[redacted]而及其賞道德之政也　宥過無大刑故無
小　過誤所犯雖大必宥不忌故犯雖小必刑也　罪疑惟輕功疑惟重　刑疑附輕
賞疑從重忠厚至也　與其殺弗辜寧失不經好生之
悳洽于民心茲用弗犯于有司　德本作　咎繇曰帝勉已
遂稱帝之悳所以明民不犯上也寧失不常之罪不枉不辜之善仁愛之道也　帝曰來禹汝惟
弗矜天下莫與汝爭能汝惟弗伐天下莫
與汝爭功　自賢曰矜自功曰伐言禹推善讓人而不失其能不有其勞而不失其功所以能絶衆人也
人心惟危道心惟微惟精惟一允執厥中　危則
難安微則難明故戒以精一信執其中也　無稽之言勿聽弗詢之謀

【第五紙】

難安微則難明故戒以精一信執其中也無稽之言勿聽弗詢之謀
勿庸無考無信驗也不詢專獨也終必無成故戒勿聽用也可愛非君可畏
非民衆非元后何戴后非衆罔與守邦民
以君爲命故可愛君失道民叛之故可畏言衆戴君以自存君恃衆以守国相須而成也惟口出好
興戎朕言弗再好謂賞善戎謂伐惡言口榮辱之主慮而宣之成於一也帝曰咨
咨禹惟時有苗弗率汝徂征三苗之民數干王誅率循也徂往
也不循帝道言亂逆也命禹討之禹乃會羣后誓于師曰濟濟有衆
咸聽朕命會諸侯共伐有苗也軍旅曰誓濟濟衆盛之貌也蠢茲有苗昏
迷弗恭蠢動也昏闇也言其所以宜討也侮慢自賢反道敗徳

迷弗恭 蠢動也昏闇也言其所以宜討也 侮嫚自賢反道敗德
狎侮先王輕嫚典教 反正道敗德義也 君子在野小人在位 廢仁賢任姦佞
民棄弗保天降之咎 言民叛之天災之也 肆予以尓衆
士奉辭伐罪 肆故也 尓尚一乃心力其克有
勳三旬苗民逆命 益賛于禹曰惟德動天
無遠弗届滿招損謙受益時乃天道 自滿
者人損之自謙者人益之是天道之常 至諴感神矧茲有苗 至和感神况有苗
苗之言易感也 禹曰俞班師振旅 以益言爲當故拜受遂班師 兵入曰振旅言整衆也
帝乃誕敷文德 遠人不服大布文德以来之也 舞干羽于兩階

帝乃誕敷文德 遠人不服大布文德以來之也 舞干羽于兩階
七旬有苗格 討而不服不討自來明御之必有道也
皐陶今作 咎繇曰允迪厥德謨明弼諧 迪蹈也謨謀也言人君當信蹈行古人之德
謀廣聰明以輔諧其政也 禹曰俞如何 然其言問所以行也 咎繇曰都
愼厥身脩思永 歎美之重也愼脩其身思爲長久之道也 惇叙九族庶
明厲翼邇可遠在茲 言愼脩身厚次叙九族則衆庶皆明其教而自勉厲翼戴上命近可推而
遠者在此道也 勵今作 禹拜昌言曰俞 以咎繇言爲當故拜受而然之 咎繇曰都在
知人在安民 歎修身親親之道在知人所信任在能安民也 禹曰吁咸若時惟帝
其難之 言帝堯亦以知人安民爲難也 知人則哲能官人安民則

【第六紙】

其難之 言帝堯亦以知人安民為難也 知人則悊能官人安民則

惠黎民懐之 悊知也無所不知故能官人惠愛也愛則民歸之也 能悊而惠

何憂乎讙兜何遷乎有苗何畏乎巧言令

色孔壬 孔甚也壬佞也巧言靜言庸違也令色象恭滔天也禹言有苗讙兜之徒甚佞如此畏其乱政故遷放之也 [redacted]

咎繇曰都亦行有九悳 言人性行有九悳以考察真偽則可知也 寛

而栗 性寛弘而能莊栗也 柔而立 和柔而能立事 愿而恭 慤愿而恭恪也 亂而

敬 乱治也有治能而謹敬[redacted]也 擾而毅 擾順也致果為毅也 直而温 行正直而氣温和也 簡而

廉 性簡大而有廉隅也 剛而塞 剛断而實塞也 彊而義 [redacted] 無所屈撓動必合義 [redacted]

彰厥有常吉哉 彰明也吉善也明九德之常以擇人而官之則政之善也 九悳咸事

敷厥有常吉哉 敷明也吉善也明九德之常以擇人而官之則政之善也 九德咸事

俊乂在官 使九德之人皆用事則俊德治能之士並在官也 百僚師師百工

惟時 僚工皆官也師師相師法也百官皆是言政無非也 庶績其凝 凝成也言百事功皆

成也 無教逸欲有邦 不爲逸豫貪欲之教是有國者之常也 兢兢業業

一日二日萬幾 兢〻戒慎業〻危 懼万事之微也 無曠庶官天工

人其代之 曠空也位非其人爲空官言人代天理官不可以天官私非其才也 政事懋哉 言无之 懋

非天意者故人君居天官聽政治事不可以不自勉也 帝曰吁臣哉 諱字也不諱下皆同 [redacted]

[redacted] 隣哉隣哉臣哉禹曰俞 鄰近也言君臣

道近相須而成也 帝曰臣作朕股肱耳目 言大體若身也 予欲左右

【第七紙】

道近相須而成也帝曰臣作朕股肱耳目言大體若身也予欲左
右有民汝翼左右助也助我所有之民富而教之汝翼成我也予欲觀古人
之象欲觀示法象之服制也以五采彰施于五色作服汝
明天子服日月以下諸侯自龍袞以下上得兼下下不得僭上以五采明施五色作尊卑之服汝明制之也予欲
聞六律五聲八音以出納五言汝聽言欲以六律和聲音出納仁義礼智信
五言之言施於民以成化汝當聽審之予違汝弼汝無面從退有後言
我違道汝當以義輔正我無得面從我違退後言不可弼也禹曰俞哉萬邦黎獻共
惟帝臣帝時舉敷納以言明庶以功車服以庸
獻賢也万國衆賢共為帝臣帝舉是而用之使陳布其言明之皆以功大小為差以車服旌其能用也誰敢弗

獻賢也万國衆賢共爲帝臣帝舉是而用之使陳布其言明之皆以功大小爲差以車服旌其能用也 誰敢弗讓敢弗敬應 上唯賢是用則下皆敬應上命而讓善也 帝弗時敷同日奏罔功 帝用臣不是則遠近布同而日進於無功以賢愚竝位優劣共流故也 無若丹朱奡惟慢遊是好 丹朱堯子舉以戒也 敖虐是作罔晝夜額額 敖戲而爲虐無晝夜常額額肆惡不休息也 罔水舟行朋淫于家用殄厥世 明群也丹朱習於無水陸地行舟言無度也群淫於家妻妾乱也用是絶其世不得嗣也 帝其念哉帝其念哉夔曰於予擊石拊石百獸率舞庶尹允諧 尹正也衆正官之長信皆和諧言神人洽也始於任賢立政以禮治成以樂所以太平也 帝庸作歌曰勅天之命惟時

立政以禮治成以樂所以太平也　帝庸作歌曰勑天之命惟時惟幾　勑正也奉正天命以臨民惟在順時惟在慎微也　乃歌曰股肱喜哉元首起哉百工熙哉　元首君也股肱之臣喜樂盡忠君之治功乃起百官之業乃廣也　咎繇拜手稽首乃賡載歌曰元首明哉股肱良哉庶事康哉　賡續也載成也帝歌歸美股肱義未足故續歌先君後臣衆事乃安以成其義也　又歌曰元首叢脞哉股肱惰哉萬事墮哉　叢脞細碎无大略也君如此則臣懈惰萬事墮廢其功不成歌以申戒也　帝拜曰俞往欽哉　拜受其歌戒羣臣自今已往敬職也　太康尸位以逸豫　啓子也尸主也以尊位爲逸豫不勤也　滅厥德黎民

【第八紙】

太康尸位以逸豫（啓子也。尸，主也。以尊位為逸豫不勤也）滅厥德，黎民

咸貳（君喪其德則衆民二心也）乃盤遊無度（盤樂遊逸無法度也）畋于有

洛之表，十旬弗反（洛水表也）有窮后羿因民弗忍

距于河（有窮國名，羿諸侯名也。距太康於河，逐廢之也）厥弟五人御其母以

從（御，侍也。言從畋也）徯于洛之汭，五子咸怨（待太康怨其久畋失國也）述大

禹之戒以作歌（述，循也）其一曰：民惟邦本，本

固邦寧（言人君當固民以安國也）予視天下，愚夫愚婦一能勝

予（言能敬畏小民，所以得衆心也）怨豈在明，不見是圖（不見是，謀備其微也）

予臨兆民，懍乎若朽索之馭六馬（懍，危貌也。朽，腐也。腐索御

予臨兆民懍乎若朽索之馭六馬 懍危貌也朽腐也腐索御
馬言危懼甚也 為人上者奈何弗敬 能敬則不驕在上不驕則高而不危也
其二曰訓有之内作色荒外作禽荒 迷亂曰荒 甘酒嗜
音峻宇彫牆有一于此未或弗亡 此六者有一必亡況兼有乎 其三
曰惟彼陶唐有此冀方 陶唐帝堯氏都冀州也 今失厥道
亂其紀綱乃底滅亡 言失堯之道亂其法制自致滅亡也 其四曰明
明我祖万邦之君有典有則貽厥子孫 典謂經籍也則
法也 荒墜厥緒覆宗絶祀 言古制存而太康失其業以亡也 其五曰
嗚呼曷歸予懷之悲 曷何也言思而悲也 万姓仇予将疇

【第九紙】

烏虖曷歸予懐之悲 曷何也言思而悲也 万姓仇予予将疇依 仇怨也言當依誰以復國乎 鬱陶乎予心顔厚有忸怩 鬱陶言哀思也顔厚色愧忸怩心慙也慙愧於行人賢士也 弗慎厥德雖悔可追 言人君行已不慎其德以速滅敗雖欲悔其可追及乎言无益也

成湯放桀于南巢惟有慙德 有慙德慙德不及古也 曰予恐来世以台為口實 恐来世論道我放天子常不去也 仲虺乃作誥 陳義告湯可无慙也 曰烏虖惟天生民有欲无主乃亂 民無君主則恣情欲必致禍乱也 惟天生聰明時乂 言天生聰明是治民乱也 有夏昏德民墜塗炭 夏桀昏乱不恤下民民之危險若陥泥墜火無救之者 惟王弗迩聲色弗殖貨

炭夏桀闇乱不恤下民民之危險若陥泥墜火無救之者惟王弗邇聲色弗殖貨
利邇近也德懋懋官功懋懋賞用人惟己改過弗
吝勉於德者則勉之以官勉於功者亦勉之以賞用人事之言若自己出有過則改无所悋惜所以能成王業者也克
寛克仁彰信兆民言湯寛仁之恵明信於天下也乃葛伯仇餉初征
自葛東征西夷怨南征北狄怨葛伯遊行見農民之餉於田者殺
其人奪其餉謂之仇餉仇怨也曰奚獨後予怨者辭也攸徂之民室
家相慶曰徯予后后來其蘇湯所往之民皆喜曰待我君來其可蘇息
也右賢輔悳顯忠進良賢則助之德則輔之忠則顯之良則進之明王之道
佑推亡固存邦乃其昌有亡道則推而亡之有存道則輔而固之王者如此國乃昌盛也

推亡固存，邦乃其昌。有亡道則推而亡之，有存道則輔而固之。王者如此，國乃昌盛也。[redacted]
德日新，萬邦惟懷；志自滿，九族乃離。日新不懈怠也。自滿志盈溢也。
王懋昭大德，建中于民，以義制事，以禮制心，
垂裕後昆。欲王自勉明大德，立大中之道於民，率義奉禮，垂優足之道示後世之也。予聞曰：能
自得師者王，求聖賢而事之。謂人莫己若者亡。自多足，人莫之益，亡之道也。
好問則裕，自用則小。問則有得，所以足也；不問專固，所以小也。嗚呼！慎
厥終，惟其始。靡不有初，鮮克有終。故戒慎終如其始也。殖有禮，覆昏
暴。有禮者封殖之，昬暴者覆亡之。欽崇天道，永保天命。王者如此上事，則敬天
安命之道也。

【第十紙】

安命之道也

王歸自克夏至于亳誕告万方 誕大也以天命大義告萬方之衆人

曰夏王滅德作威以敷虐于爾萬方百姓 夏桀滅道德作威刑以布行虐政於天下百官言殘酷也

肆台小子將天命明威弗

敢自赦其爾万方有罪在予一人 自責化不至也 予一人

有罪無以爾万方 无用汝万方言非所及也 嗚呼尚克時忱

乃亦有終 忱誠也庶幾能是誠道乃亦有終世之義也

成湯既歿伊尹作伊訓 作訓以教道太甲也 曰嗚呼古有

夏先后方懋厥德罔有天災 先君謂禹以下少康以上賢王言能以德攘災也

夏先后方楙厥德，罔有天灾。先君謂禹以下少康以上賢王，言能以德禳灾也
于其子孫弗率，皇天降灾，假手于我有命，
言桀不循其祖道，天下禍灾，借手於我有命商王誅討之　惟我商王布昭聖武，代
虐以寬，兆民允懷。言湯布明武德，以寬政代桀虐政，兆民以此皆信懷我商王之德也　今
王嗣厥德，罔不在初。言善惡之由，無不在初，欲其慎始也　立愛惟親，立
敬惟長，始于家邦，終于四海。言立愛敬之道，始於親長，則家國化，并終洽
四海也　烏虖，先后敷求悊人，俾輔于爾後嗣。布求賢智
使師輔於汝嗣王，言仁及後世也[redacted]　制官刑，儆于有位。言湯制治官刑，法儆戒百官也
曰：敢有恒舞于宮，酣歌于室，時謂巫風。常舞則荒

【第十一紙】

曰敢有恒舞于宮酣歌于室時謂巫風 常舞則荒
淫也樂酒曰酣事鬼神曰巫也 敢有殉于貨色恒于遊畋時謂
淫風 殉求也昧求財貨美色常遊戲畋獵是淫過之風俗 敢有侮聖言逆忠
直遠耆德比頑童時謂亂風 狎侮聖人之言而不行拒逆忠直之規
而不納耆年有德疏遠之童稚頑嚚親比之是謂荒亂之風俗也 惟茲三風十愆卿士
有一于身家必喪 有一過則德義廢失位亡家之道也 邦君有一于
身國必亡 諸侯犯此國亡之道也 臣下不匡其刑墨 邦君卿士則以爭臣
自匡正臣不正君服墨刑鑿其額涅以墨也 嗚呼嗣王祗厥身念哉 言當
敬身念祖德也 惟上帝不常作善降之百祥作不善

敬身念祖德也 惟上帝弗常作善降之百祥作不善

降之百殃 祥善也天之禍福唯善惡所在不常在一家也 爾惟德罔小万邦惟

慶 脩德無小則天下賴慶也 爾惟弗德罔大墜厥宗 苟為不德無大

必墜失宗廟此伊尹至忠之訓也

太甲既立弗明 不用伊尹之訓不明居喪之礼 伊尹放諸桐 湯葬地也

王徂桐宮居憂 往入桐宮居憂位也 克終允德 言能念其祖終其信德也

惟三祀伊尹奉嗣王歸于亳王拜稽首曰予

小子弗明于德自底弗類 類善也闇於德故自致不善[redacted]也

欲敗度縱敗禮以速戾于厥躬 速召也言已放縱情欲毀敗禮儀法度

【第十二紙】

欲敗度縱敗禮以速戾于厥躬 速召也言已欲縱情欲毀敗禮儀法度
以召罪於其身也 天孽猶可違自作孽弗可逭 孽災也逭逃也
言天災可避自作災不可逃也 既往背師保之訓弗克于厥初尚
賴匡救之德圖惟厥終 言已已往前不能脩德其初今庶幾賴教訓之德謀終
於善悔過之辭也 伊尹拜手稽首 拜首至首也 曰脩厥身允德 允悳
協于下惟明后 言脩其身使信德合于羣下惟乃明后 先王子惠困窮
民服厥命罔有弗悅 言湯子愛困窮之人使皆得其所故民心服其教令無有不欣喜
者也 奉先思孝接下思恭 以念祖德為孝以不驕慢為恭
也 視遠惟明聽德惟聰 言當以明視遠以聰聽德也

【第十三紙】

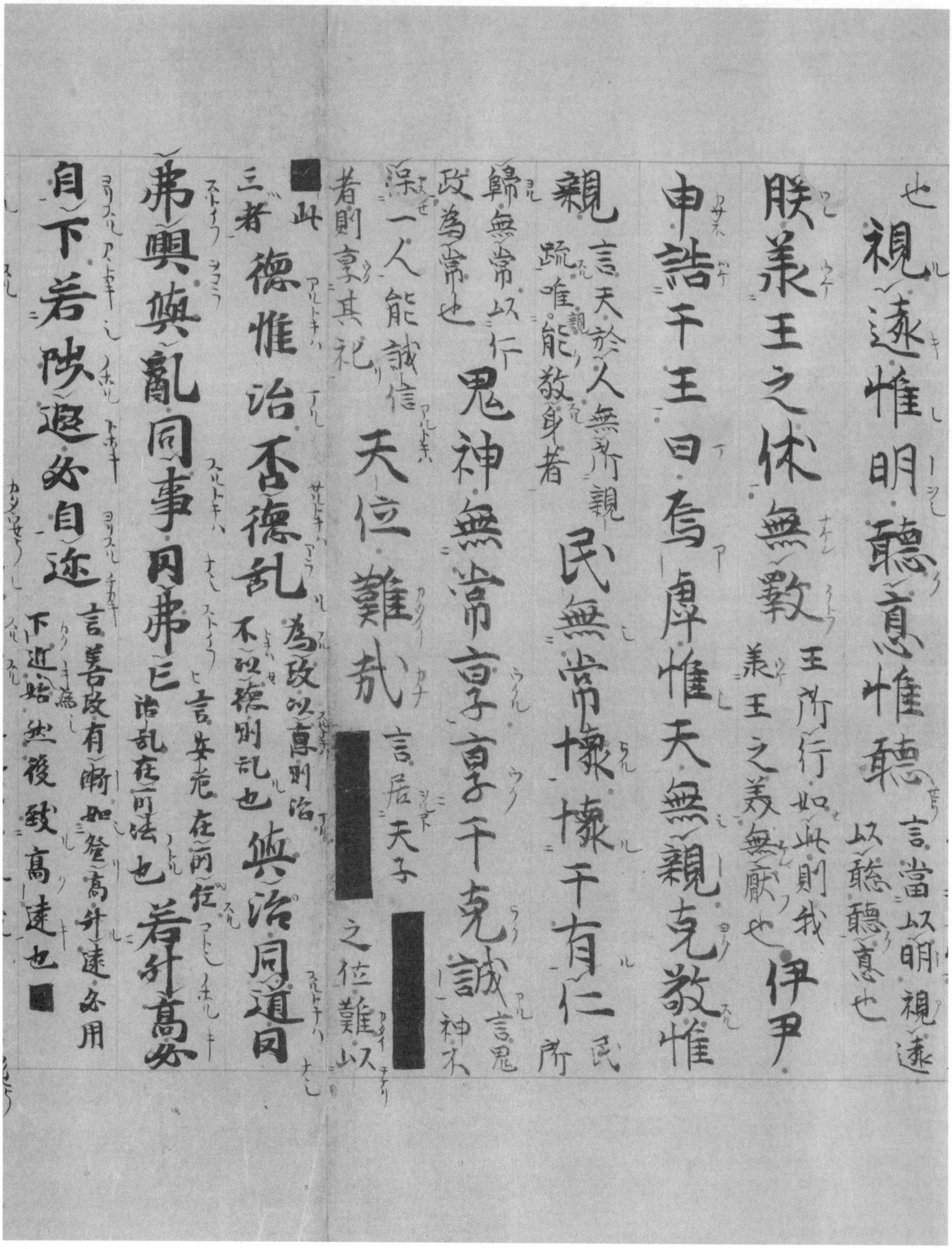

也視遠惟明聽德惟聰言當以明視遠以聰聽德也

朕承王之休無斁王所行如此則我承王之美無厭也伊尹

申誥于王曰嗚呼惟天無親克敬惟

親言天於人無有親疏唯親能敬身者民無常懷懷于有仁民所

歸無常以仁政為常也鬼神無常享享于克誠言鬼神不

保一人能誠信者則享其祀天位難哉言居天子[redacted]之位難以

[redacted]此三者德惟治否德亂為政以德則治不以德則亂也與治同道罔

弗興與亂同事罔弗亡言安危在所任治亂在所法也若升高必

自下若陟遐必自邇言善政有漸如登高升遠必用下近始然後致高遠也[redacted]

自下若陟遐必自迩 言善政有漸如登高升遠必用下近始然後致高遠也

無輕民事惟難 無輕爲力役之事必重難之乃可也 無安厥位惟危 言當常自危懼以保其位也 慎終于始 於始慮終於終慮始 有言逆于汝心必求諸道 人以言咈違汝心必以道義求其意勿拒逆之也 有言遜于汝志必求諸非道 遜順也言順汝心必以非道察之勿以自臧也 嗚呼弗慮胡獲弗爲胡成一人元良万邦以貞 胡何也貞正也言常念慮道德則得道定念爲善政則成善政也一人天子也天子有大善則天下得政也 君罔以辯言亂舊政 利口覆國家故特慎焉 臣罔以寵利居成功 成功不退其志无限故爲之極以安之也 邦其永孚于休 言君臣各以其道則國長信保於美也

永孚于休 言君臣各以其道則國長信保於美也
伊尹既復政厥辟 還政太甲 將告歸乃陳戒于德
告老歸邑陳德以戒 曰嗚呼天難諶命靡常 以其无常故難信也 常
厥德保厥位厥德匪常九有以亡 人能常其德則安其位九有諸侯也
夏王弗克庸德慢神虐民 言桀不能常其德不敬神明不恤下民 皇
天弗保 言天不安桀所爲 眷求一德俾作神主 天求一德使代桀爲天地
神祇之主 惟尹躬暨湯咸有一德克享天心受天明
命 享當天心 非天私我有商惟天祐于一德 非天私商
而王之也祐助一德所以王也 非商求于下民惟民歸于一德
非商以力求之

【第十四紙】

而王之也祐助一德所以王也非商求于下民惟民歸于一德非商以力求民自歸德德惟一動罔弗吉德二三動罔弗凶

吉凶不僭在人惟天降災祥在德行善吉行惡凶言是不差也德言天降之福不差天降之災是在德也今嗣王新服厥命惟新厥德其命王命也新其德戒勿怠也終始惟一時乃日新言德行終始不衰殺是乃日新之義也

任官惟賢材左右惟其人官賢才而任之非賢才不可任也選左右必忠良不良其人也其難其慎惟和惟一其難無以為易也其慎无以輕之也群臣當和一心事上君政乃善也

后非民罔使民非后罔事君以使民自尊民以事君自生無自廣以狹人匹夫匹婦弗獲自盡民主罔與成厥功有

徒人迩夫迩婦弗獲自盡民主罔與成厥功
徒人之心則下無所自盡矣言先盡其
心然後能盡其力人君所以成功也
高宗夢得說 小乙子也名武丁夢
得賢相其名曰說也 使百工營求諸野
得諸傅巖 使百工以所夢之形象經營求
之於外野得之於傅巖之谿也 曰朝夕
納誨以輔台德 言當納諫誨
直辭以輔我 若金用汝作礪若
濟巨川用汝作舟楫若歲大旱用汝作霖雨
啓乃心沃朕心若藥弗瞑眩厥疾弗瘳 開汝心以
沃我心如服藥必瞑眩極其病
乃除欲其出切言以自警也 若跣弗視地厥足用傷
跣必視地足乃無害
言欲使為己視聽也 惟曁乃僚罔弗同心以匡乃

【第十五紙】

跣必視地足乃無害言欲使為己視聴也　惟暨乃僚罔弗同心以匡乃
辟　與汝並官皆當倡率無不同心以匡正汝君也　說復于王曰惟木從繩
則正后從諫則聖　言木以繩直君以諫明也　后克聖臣弗
命其承　君能受諫則臣不待命其承意而諫也　誰敢弗祗若王之
休命　言如此誰敢不敬順王之美命而諫也　惟說命總百官　在冢宰之任也
乃進于王曰嗚呼明王奉若天道建邦設
都　天有日月五星皆有尊卑相正之法言明王奉順此道以立國設都也　樹后王君公承
以大夫師長　言立君臣上下也將陳為治之本故先舉其始也　弗逸豫惟
以亂民　不使從者逸豫於民上也言立之主使治民也 [redacted]　惟口起羞惟甲冑

以乱民　不使從者逸豫於民上也言之主使治民也[redacted]惟口起羞惟甲胄

起戎[redacted]言不可輕教令易用兵也　惟衣裳在笥惟干戈省

厥躬　言非不可加非其人兵不可任非其才也　王惟戒茲允茲克明乃罔弗休

言王戒慎四惟之事戒乃無不美也　信能明　惟治乱在庶官　所官得人則治失人則乱也[redacted]

官弗及私昵惟其能　不加私昵唯能是官也　爵弗及悪

德惟其賢　言非賢不爵也　慮善以動動惟厥時

非時[redacted]不可動也　有其善喪厥善矜其能喪厥功

[redacted]子亦必讓以得之[redacted]　無啓寵納侮　開寵非其人則納侮之道也　無恥過作

非　恥過誤而文之遂成大非　王曰旨哉説惟服　旨美也美其所言皆可服行也

【第十六紙】

非恥過誤而文之遂成大非　王曰旨哉說惟服旨美也美其所言皆可服行也
乃弗良于言予罔聞于行汝若不善於所言則我無聞於所行之事
說拜稽首曰非知之艱行之惟艱言知之易而行之難以勉
高宗也　王曰來汝說台惟訓于朕志言汝當教訓於我使志通
達也若作酒醴尒惟麴糵酒醴須麴糵以成亦言我須汝以成也若
作和羮尒惟塩梅塩鹹梅醋羮須鹹醋以和之[redacted]說曰王人求多
聞時惟建事學于古訓乃有獲王者求多聞以立事
學古訓乃有所得也[redacted]事弗師古以克永世匪說攸
聞事不法古訓而以能長世非所聞　王曰嗚虖說四海之內咸仰

【第十七紙】

聞事不法古訓而以能長世非所聞王曰烏虖說四海之內咸仰
朕德時乃風風教也使天下皆仰我德是汝教也股肱惟人良臣
惟聖手足具乃成人有良臣乃成聖也昔先正保衡作我先王
保衡伊尹也作起也正長也言先世長官之臣也乃曰予弗克俾厥后
厥后惟堯舜其心愧恥若撻于市言伊尹不能使其君
如堯舜則心恥之若見撻于市也一夫弗獲則曰時予之辜伊尹
見一夫不得其所則以為己罪也右我烈祖格于皇天言以此道左右成湯功至大天
尒尚明保予罔俾阿衡專美有商汝庶幾明安我事則与伊
尹同美也惟后非賢弗乂惟賢非后弗食言君須賢以治賢須

尹同義也

惟右非賢弗乂又惟賢非后弗食　言君須賢以治賢須君以食也

其尒克紹乃辟于先王永綏民　能継汝君於先王長安民則汝亦有保衡之功[redacted]也

說拜稽首曰敢對揚天子之休命　受美命而稱揚之也

武王伐殷師渡盟津王曰今商王受弗敬

上天降災下民沈湎冒色敢行暴虐　沈湎嗜酒冒乱女色敢行酷暴虐殺無辜也

罪人以族官人以世　一人有罪刑及父母兄弟妻子言淫濫也　官人不以賢才而以父兄所以政乱也

焚炙忠良刳剔孕婦　忠良無罪焚炙之懐孕之婦刳剔視之言暴虐也

皇天震怒受罔有悛心夷居

【第十八紙】

炙之懐孕之婦剖剔視之言暴虐也皇天震怒受罔有悛心夷居

弗事上帝神祇遺厥先宗廟弗祀悛改也言紂縱

惡無改心平居無故廢天地百神宗廟之祀慢甚也乃曰吾有民有命罔懲其侮

紂言吾所以有兆民有天命故也群臣畏罪不争無能正其慢心同力度德同德度義

力鈞則有德者勝德鈞則秉義者強揆度優劣勝負可見受有臣億萬惟億萬心

人執異心不和諧也予有臣三千惟一心三千一心言同欲也商罪貫盈

天命誅之予弗順天厥罪惟鈞紂之為惡一以貫之惡貫已

同罪迠天矜于民民之所欲天必從之矜憐也言天除惡樹善与

民同也時哉不可失言今我伐紂正是天人合同之時不可違失也

民同也時我不可失言今我伐紂正是天人合同之時不可違失王次于河朔次止群后以師畢會王乃徇師而誓曰我聞吉人為善惟日不足凶人為弗善惟日弗足。言吉人渇日以為善凶人亦渇日以行惡者也今商王受力行凶人為弗善惟日弗足無度播棄犁老昵比罪人鮐背之老稱犁也布棄不禮敬也昵近也罪人謂天下逋逃小人也剥喪元良賊虐諫輔剥傷害也也賊殺也元善也良善也以諫輔紂〻反殺之謂己有天命謂敬弗足行謂祭無益謂暴無傷天其以予乂民用我治民當除惡也受有億兆夷人離心離德平人凡人也雖多而執心用德不同也予有乱臣十人同

人離心離德〔平人凡人也雖多而執心用意不同也〕予有亂臣十人同
心同意〔我治理之臣雖少而心德同也〕今朕必往百姓懍懍若崩
厥角〔言民畏紂之虐危懼不安若崩摧其角無所容頭也〕烏虖乃一意一心立
定厥功惟克永世〔汝同心立功則能長世以安也〕王曰商王受自絶
于天結怨于民〔不敬天自絶之也酷虐民結怨之也〕斮朝涉之脛剖
賢人之心崇姦回放黜師保屛弃典刑囚奴
正士〔屛弃常法而不顧也箕子正諫而以爲囚奴也〕郊社弗脩宗廟弗享作
奇伎淫巧以悅婦人古人有言曰撫我則后虐
我則讎〔武王述古言以明義言非唯今惡紂也〕獨夫受洪惟作威乃汝世

【第十九紙】

我則讎　武王述古言以明義言非惟今惡紂也　獨夫受洪惟作威殘世

讎　言獨夫失君道也大作威殺無辜 [redacted] 乃是汝累世讎明不可不誅也 [redacted] 樹德務除惡

務本　立德務滋長除惡務除本　言紂為天下惡本也　肆予小子誕以爾衆

士殄殲乃讎　言欲行除惡之義絕盡紂也

武王與受戰于牧野王曰古人有言牝雞無晨

言無晨鳴之道　牝鷄之晨惟家之索　索盡也喻婦知外事雌代雄鳴則家

盡婦奪夫政則國亡也　今商王受惟婦言用　妲己惑紂紂信用之　乃惟

四方之多罪逋逃是崇是長　言紂棄其忠臣而尊長逃亡罪人信用

是信是使是以為大夫卿士俾暴虐于尔

是信是使是以為大夫士卿俾暴虐于尒
百姓以姦宄于商邑使四方罪人暴虐姦宄於都邑今予發惟
龔行天之罰
王來自商至于豐乃偃武脩文倒載干戈示不復用也行礼射設庠
序脩文教也歸馬于華山之陽放牛于桃林之野示
天下弗服示天下不復乘用也王若曰今商王受為天下逋逃
主萃乎東征陳于商郊受率其旅若
林會于牧野罔有敵于我師前徒倒戈
攻于後以北血流漂杵壹戎衣天下大定一著

攻于後以北血流漂杵壹戎衣天下大定一著

戎服而滅紂言與衆同心動有成也 釋箕子囚封比干墓式商容

閭 封其土也商容賢人紂所貶退 散鹿臺之財發巨橋之粟

紂所積之在倉也 皆散發以振貧民也 大賚于四海而万姓悅服 施舍已責救乏

賙無所謂周有大賚也天下皆悅仁服德也 [redacted] 西旅獻獒 西戎遠國也貢大犬 太保乃

作旅獒用訓于王 陳貢獒之義以訓諫也 曰嗚呼明王慎

德四夷咸賓 言明王慎德遠故四夷皆賓服 無有遠邇畢獻方

物惟服食器用 天下万國盡貢方土所生之物惟可供服食器用者言不為耳目華侈

王乃昭德之致于異姓之邦無替厥服 德之所致

王乃昭德之致于異姓之邦無替厥服 德之所致
謂遠夷之貢也以分賜異姓諸侯使無廢其職也 分珤玉于伯叔之國時庸
展親 以寶玉分同姓之國是用誠信其親親之道也 人弗易物惟德其物 言物
貴由人也有德則物貴無德則物賤所貴在於德也 悳盛弗狎侮 盛德必自敬何狎易侮慢之有也
狎侮君子罔以盡人心 以虛受人則人盡其心矣 狎侮小人罔以盡
其力 以悅使民民忘其勞則盡力矣 玩人喪悳玩物喪志 以人為戲弄則喪其悳矣
以器物為戲弄則喪其志矣 弗作無益害有益功乃成弗貴
異物賤用物民乃足 遊觀為無益奇巧為異物言明王之道以德義為益器用為
貴所以化俗生民也 犬馬非其土生弗畜 非此土所生不畜以不習其用也 珍

貴所以化俗生民也犬馬非其土生弗畜以非此土所生不畜以不習其用也珍
禽奇獸弗育于國皆非所用有所損害故也弗寳遠物則
遠人格不侵奪其利則來服矣所寳惟賢則邇人安寳賢任能
則邇人安邇人安則遠人安矣嗚呼夙夜罔或弗勤言當常勤於德弗矜
細行終累大德輕忽小物積害毀大故君子慎其微也為山九仞功
虧一簣簣諭向成也未成一簣猶不為山故曰功虧一簣是以聖人乾日側慎終如始也允迪茲
生民保厥居惟乃世王言其能信蹈行此誡則生民安其居天子乃世世王天下也武
王雖聖猶設此誡況其非聖可以無誡乎其不免於過則亦宜矣王若曰小子封封康
叔名惟乃丕顯考文王克明德慎罰弗敢侮鰥

【第二十一紙】

名惟乃丕顯考文王克明德慎罰弗敢侮鰥寡庸庸祗祗威威顯民惠恤窮民不慢鰥夫寡婦用可用敬可敬刑可刑明此道以示民也天乃大命文王殪戎殷誕受厥命天美文王乃大命之殺兵殷大受其王命往盡乃心無康好逸豫汝往當盡汝心為政無自安好逸豫也我聞曰怨在大亦弗在小惠弗懋弗懋不在大起於小也不在小至於大也言怨不可為故當使不順者順不勉者勉也若保赤子惟民其康乂愛養民如赤子不失其欲惟民其皆安治也非汝封刑人殺人言得刑殺人也無或刑人殺人無以得刑殺人而妄刑殺也非汝封劓刵人劓截鼻也刵截耳也無或劓刵人所以舉刑以戒為人輕行之也王曰封元惡大憝

無或劓刵人 所以舉刑以戒為人輕行之也 王曰封元惡大憝 憝徒對反
矧惟不孝不友 言人之罪惡莫大於不孝不友 乃其速由文王作
罰刑茲無赦 言當亦速用文王所作違教之罰刑此無得赦也 敬哉無作怨
勿用非謀非彝 言當脩己以敬無為可怨之事勿用非善之謀非常之法 小子封惟
命弗于常 當念天命之不於常也行善則得之行惡則失之
王若曰乃穆考文王誥庶邦御事朝夕曰
祀茲酒 文王所告衆國治事吏朝夕勅之唯祭祀而用此酒不常飲也 曰小大邦用喪
亦罔非酒惟辜 於小大之國所用喪亡無不以酒為罪也 飲惟祀德將
無醉 飲酒惟當因祭祀以德自將無令至醉 在昔殷先哲王惟御事弗

【第二十二紙】

無酔 飲酒惟當因祭祀 以德自將無令至酔 在昔殷先哲王惟御事弗
敢自暇自逸 惟殷御治事之臣 不敢自寬暇自逸豫 矧曰其敢崇
飲 [redacted] 崇聚也也自逸暇猶不敢 况敢聚會飲酒乎 弗惟弗敢亦
弗暇 非徒不敢志在助 君敬法之不暇飲 在今後嗣王酣身 嗣王紂 也酣樂
其身不憂政也 惟荒腆于酒弗惟自息 言紂大厚於酒 晝夜不念自息
庶群 [redacted] 嗜酒腥聞在上故天降喪于殷 紂衆
臣群用酒耽荒腥穢聞 在天故 [redacted] 下喪亡於殷也 天非虐惟人自速辜 言凡為天
所亡天非虐人惟人 所行惡自召罪 古人有言曰人無于水監當于民
監 古賢聖有言人無於水監當於民 監也視水見已形視民行事見吉凶 今惟殷墜命

鑒 吉賢聖有言人無於水鑒當於民鑒也視水見已形視民行事見吉凶 今惟殷墜命

我其可弗大鑒 今惟殷紂無道墜失天命我其可不大視為戒也 [redacted] 周公

作無逸 中人之性好逸豫成王即政恐其逸豫故以所戒名篇 周公曰嗚呼君

子所其無逸 歎美君子之道所在念德其無逸豫也君子且猶然況王者乎 先知稼

穡之艱難乃逸則知小人之依 稼穡農夫之艱難事先知之乃謀逸豫則知小民所依怙

我聞曰昔在殷王中宗 也 太戊也 治民祗懼弗敢荒寧 為政敬身畏[redacted]懼不敢荒怠自安也

享國七十有五年 以敬畏之故得壽考之福也 其

在高宗嘉靖殷邦至于小大無時或怨 善謀殷國至於小大之政民無時有怨也

享國五十有九年其在祖甲

至於小大之政民無時有怨也享國五十有九年其在祖甲
湯孫太甲爰知小人之依能保恵于庶民弗侮
鰥寡知小人之所依依仁政也故能安於衆民不敢侮慢惸獨也享國卅有三年
自時厥後立王生則逸從是三王各承其後而立者生則逸豫無法度也
弗知稼穡之艱難弗聞小人之勞惟耽樂之
従過楽謂之耽惟楽之從言荒淫亦罔或克壽以耽楽之故無有能壽者也
或十年七年八年或四三年高者十年下者三年言逸楽之損壽
也惟我周大王王季克自抑畏大王周公曽祖王季即祖也言皆
能以義自抑畏敬天命也文王卑服文王節儉卑其衣服自朝至于日

【第二十三紙】

能以義自抑畏敬天命也　文王卑服　文王節儉卑其衣服　自朝至于日
中昃弗皇暇食用咸和万民　從朝至日昃不暇食思慮政事用皆協和万民
者厥享國五十年自殷王中宗及我周文王茲
四人迪哲　言此四人皆蹈智明以臨下也　厥或告之曰小人怨汝詈汝則
皇自敬德　其有告之言小人怨詈者則大自敬德增脩善政也　此厥弗聽人乃
或譸張為幻曰小人怨汝詈汝則信之　此其不聽中正之君有大姦之
衆之言小人怨讟詈汝則受之也　乱罰無罪殺無辜怨有同是叢
于厥身　信讒含怒罰殺無罪則天下同怨讎之叢聚於其身也　烏虖嗣王其監
茲　視此乱罰之禍以為戒也

茲 視此乱罔討之禍以為戒也
蔡叔既沒 以罪放而卒也 王命蔡仲踐諸侯位 王成王也父卒命子罪不相及
王若曰小子胡 胡仲名也 皇天無親惟德是輔民心無
常惟惠之懷 天之於人無有親疎惟有德者則輔佑之民心於上無有常主惟愛己者則歸往之
為善不同同歸于治為惡不同同歸于乱尓
其戒哉慎厥初惟其終康濟小民率自中無
作聽明乱舊章 汝為政當安小民之業循其
中人之道乃視聽内道無敢為小聰明作異辯以變乱
舊典文章也 詳乃視聽罔以側言改厥度則予一人汝嘉

【第二十四紙】

舊典文章也詳乃視聽罔以側言改厥度則予一人汝壽（嘉）
詳審汝視聽非禮義勿視聽也無以邪巧之言易其常度必斷之以義則我一人善汝矣　小子胡汝往哉
無荒棄朕命　汝往之國無廢我命欲其終身奉行之　王若曰猷告
尔四國多方　順大道告四方　惟聖罔念作狂惟狂克
念作聖　惟聖人無念於善則為狂人惟狂人能念善則為聖人言桀紂非實狂愚以不念善故滅亡
自作不和尔惟和哉尔室弗睦尔惟和哉尔邑克
明尔惟克勤乃事　小大衆官自為不和汝有方多士當和之哉汝親近室家不睦
亦當和之汝邑中能明是汝惟能勤職事也　周公若曰文王罔攸
兼于庶言庶獄庶慎惟有司之牧夫　文王無所

兼于庶言庶獄庶慎惟有司之牧夫文王無所兼知於毀譽衆言及衆刑獄衆所當慎之事於擇有司牧夫而已勞於求才逸於任賢是訓用違庶獄庶慎文王罔敢知于茲是萬民順法違法衆獄衆慎之事文王無敢自知於此委賢能而已也

武王率惟敉功弗敢替厥義德武王修於文王撫安天下之功不敢廢其義德奉遵父道也孺子王矣稚子今已為王矣不可不勤法祖考也繼自今文子文孫其勿誤于庶獄庶慎惟正是乂之文子文孫文王之子孫也從今已往惟以正是之道治衆獄衆慎其勿誤也

王曰若昔大猷制治于未亂保邦于未危

王曰若昔大猷制治于未亂保邦于未危
言當脩古大道制治安國必於未亂未危之前思患豫防之　曰唐虞稽古建
官惟百內有百揆四岳
外有州牧侯伯　道堯舜考古以建百官上下相維內外咸治也　庶政惟和
國咸寧　官職有序故衆政惟和万國皆安所以為至治也　夏商官倍亦克用乂
禹湯建官二百亦能用治言不及唐虞之清要是也　明王立政不惟其官惟其人　聖
帝明王立政脩教也不惟多其官惟在得其人也　立太師太傅太保茲惟三公
論道經邦燮理陰陽　師天子所師法傅相天子保保安天子於德義者也此惟三公之任佐
王論道以經緯國事和理陰陽也　官不必備惟其人　三公之官不必備員惟其人有德乃處之

【第二十五紙】

王論道以經緯國事和理陰陽也官弗必備惟其人三公之官不必備員惟其人有德乃處之
少師少傅少保曰三孤孤特也卑於公尊於卿特置此三人也貳公弘化寅
亮天地弼予一人副貳三公弘大道化敬信天地之教輔我一人之治冢宰掌
邦治統百官均四海天官卿稱太宰主國政治統理百官均平四海之內邦國言任大司
徒掌邦教敷五典擾兆民地官卿主國教化布五常之教安和天下衆民使小大協睦
也宗伯掌邦禮治神人和上下春官卿主宗廟天地神祇人鬼之事及國之五禮
以和上下尊卑等列也司馬掌邦政統六師平邦國夏官卿主戎馬之事掌國征伐
統正六軍平治王邦四方之亂也司寇掌邦禁詰姦慝刑暴亂
秋官卿主寇賊法禁治姦慝刑強暴作亂也司空掌邦土居四民時地利

秋官卿主寇賊法禁治姦慝刑強暴作亂者　司空掌邦土居四民時地利
冬官卿主國空土以居士農工商四民使順天時分地利授之土　六卿分職各率其屬以
倡九牧阜成兆民　六卿各率其屬官大夫士治其所分之職以倡導九州牧伯為政大成兆民之性
命皆能其官則政治矣　王曰烏虖凡我有官君子欽乃攸司
慎乃出令令出惟行弗惟反　有官君子大夫已上歎而勑之使敬所司
慎出令從政之本也令出必惟行之不惟反改二三其令亂之道也　以公滅私民其允懷　從政以公平滅私情則
民其信歸之矣　學古入官議事以制政乃弗迷　言當先學古訓
然後入官治政凡制事必以古義議度終始政乃不迷錯也　其爾典常作之師無以利
口亂厥官　其汝為政當以舊典常故事為師法無以利口辯佞亂其官也　弗學墻面莅事

【第二十六紙】

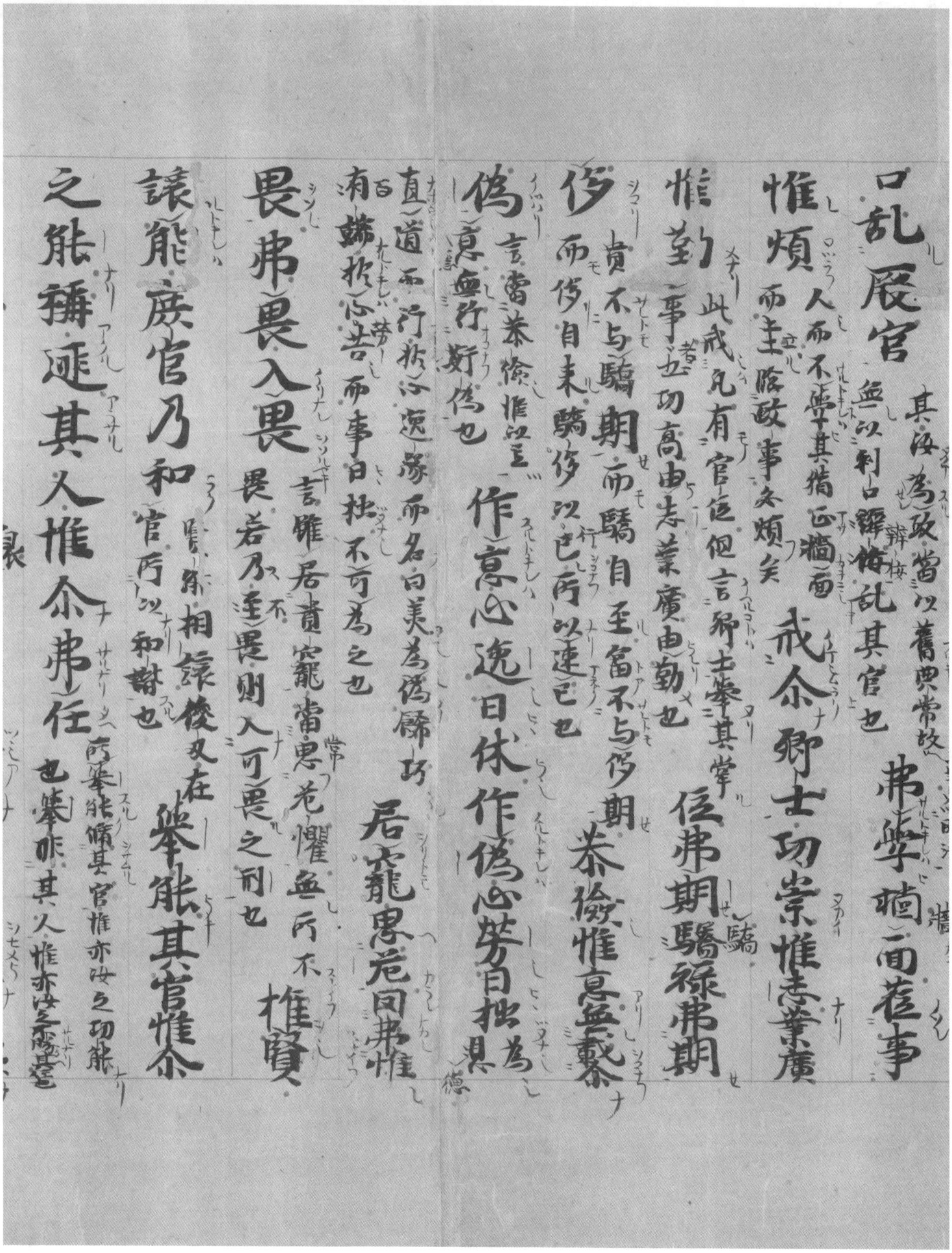

口亂厥官 其後為政當以舊典常故、無以利口辯佞亂其官也 弗學墻面莅事
惟煩 人而不學其猶正墻面而立、以臨政事必煩矣 戒爾卿士功崇惟志業廣
惟勤 此戒凡有官位但言卿士舉其掌者 功高由志業廣由勤也 位弗期驕祿弗期
侈 貴不與驕期而驕自至富不與侈期而侈自來驕侈以行已所以速亡也 恭儉惟德無載爾
偽 言當恭儉惟以立德、無行姦偽也 作德心逸日休作偽心勞日拙 為德
直道而行於心逸豫而名日美為偽飾巧百端於心勞而事日拙不可為之也 居寵思危罔弗惟
畏弗畏入畏 言雖居貴寵當思危懼無所不畏若乃不畏則入可畏之刑也 推賢
讓能庶官乃和 賢以相讓俊乂在官所以和諧也 舉能其官惟爾
之能稱匪其人惟爾弗任 所舉能修其官惟亦汝之功能也舉非其人惟亦汝之不勝其任也

之能稱匪其人惟尒弗任　所擧能脩其官惟亦汝之功能也擧非其人惟亦汝之不勝其任
王曰烏虖三事曁大夫敬尒有官乱尒有政
勑公卿以下各敬居汝所有之官治汝所有之職也　以右乃辟永康兆民万邦惟
無斁　言當敬治官政助汝君長安天下兆民則天下万國惟乃無厭我周德也
君陳　周公既沒命君陳分正東郊成周　成王重周公所營故命君陳分居正東
郊成周之邑　王若曰君陳我聞曰至治馨香感于神明黍
稷非馨明德惟馨　所聞上古賢聖之言也政治之至者芬芳馨氣動於神明所謂芬芳非黍稷
之氣乃明德之馨厲之以德也　凡人未見聖若弗克見既見聖亦
弗克由聖　此言凡人有初無終也未見聖道之如不能得見已見聖道亦不能用之所以無成者也　尒其

弗克由聖 此言凡人有初無終未見聖道之如不能得見已見聖道亦不能用之所以無成者也 尒其
戒哉尒惟風下民惟草 汝戒勿為凡人之行也民從上教而變猶草應風而偃不可不慎也
無依勢作威無倚法以削 無乘勢位作威民上無倚法制以行刻削之政 寛而
有制從容以和 寛不失制動不失和德教之治也 殷民在辟予曰
辟尒惟勿辟予曰宥尒惟勿宥惟厥中 殷民有罪在刑法
者我日刑之汝勿刑也我日故赦宥汝勿宥也惟其當以中正平理断之 有弗于汝化于訓
辟以止辟乃辟 有不順於政不變於汝刑之而懲止犯刑者乃刑之也 尒無忿
疾于頑无求備于一人 又有俎嚚不喩汝當訓之無忿疾之也使人當器之無責備於
一夫也矣 畢命曰嗚呼父師 畢公代周公為大師為東伯命之代君陳也 政貴有

【第二十七紙】

一夫畢也命命曰爲阜文師畢公代周公爲大師爲東伯命之代君陳也政貴有
恒辭尚體要弗惟好異政以仁義爲常辭以體實爲要故貴尚之若異於先王
汚君子不好也商俗靡利口惟賢餘風未殄公其念哉
紂以靡靡利口爲賢覆亡國家今殷民利口餘風未絶公其念絶之也我聞曰世祿之家
鮮克由禮以蕩陵德實悖天道世有祿位而无禮教少不以放蕩陵邈
有悳者如此實亂天道也弊化奢麗万世同流言弊俗相化車服奢麗雖相
去万世若同一流者也茲殷士驕淫矜侉將由惡終閑
之惟艱言殷士驕恣過制矜其所能以自侉大時用惡自終以禮樂其心惟難也
惟周公克慎厥始惟君陳克和厥中惟公

惟周公克慎厥始惟君陳克和厥中惟公周
克成厥終　周公遷殷頑民以消亂階能慎其始也君陳弘周公之訓能和其中也畢公闡二公之烈能成其終
也　欽若先王成烈以休于前政　敬順文武成業以美於前人之政所以勉畢公也
穆王命君牙作周大司徒　穆王昭王子也　王若曰嗚呼
惟乃祖乃文世篤忠貞服勞王家厥有成績紀于
太常　言汝父祖世厚忠貞服事勤勞王家其有功見紀錄書於王之太常以表顯之也　惟予小子
嗣守文武成康遺緒亦惟先王之臣克左右亂四
方　惟我小子繼守先王業亦惟父祖之臣能佐助我治四方言已無所能也　心之憂危若蹈虎尾
涉于春冰　言祖業之大己才之弱故心危懼也虎尾畏噬春冰畏陷懼之甚也　今命尒

【第二十八紙】

涉于春冰　言祖業之大已才之弱故心危懼也虎尾畏噬春冰畏陷懼之甚也　今命尒
予翼作股肱心膂　今命汝為我輔翼股肱心體之臣言委任之也　尒身克正
罔敢弗正民心罔中惟尒之中　言女身能正則下無敢不正民心無中從女取中
必當正身示民以中正之道也　夏暑雨小民惟曰怨咨　夏月暑雨天之常道小民惟怨歎咨嗟言
心無中正也　冬祁寒小民亦惟曰怨咨厥惟艱哉思其艱
以圖其易民乃寧　天不可怨民猶怨嗟民其惟艱哉當思慮其難以謀其易民乃安也
冏命　王若曰伯冏昔在文武聰明齊聖小大之臣咸
懷忠良　聰明聽視遠也齊通無滯礙也臣雖官有尊卑無不忠良　其侍御僕從罔
匪正人　給侍進御僕從從官官雖微無不用中正之人　以旦夕承弼厥辟出

匪正人給侍進御僕從從官官雖微無不用中正之人以旦夕承弼厥辟出
起居罔有弗欽小臣皆良僕從皆正以旦夕承輔其君故君出入起居無有不敬發號
施令罔有弗臧下民祗若万邦咸休言文武發號施令無有不善下
民敬順其命万國皆美其化也惟予一人無良實賴左右前後有
位之士匡其弗及惟我一人無善實恃左右前後有職位之士匡正其不及言此責群臣正己者也
繩愆糾謬格其非心俾克紹先烈言恃左右之臣彈正過誤檢其非妄之心
使能繼先王之功業也今予命汝作大正正于群僕侍御之
臣欲其教正群僕無敢佞偽也懋乃后德交修弗逮言侍御之臣無小大親疏皆
當勉汝君為德更代修進其所不逮也慎簡乃僚無以巧言令色便辟

當勉汝君爲意更代脩進其所不逮也

慎簡乃僚無以巧言令色便辟側媚其惟吉士

當謹慎簡選汝僚屬侍臣無得用巧言無實令色無質便辟足恭側媚諂諛之其惟皆吉良正士也

僕臣正厥后克正僕臣諛厥后自聖

言臣皆正則其君乃能正僕臣諂諛則其君乃自謂聖

后德惟臣不德惟臣

君之有德惟臣成之君之無德惟臣誤之言君所行善惡專在左右也

尒無昵于憸人充耳目之官迪上以非先王之典

汝無親近憸利小子之人充備侍從在視聽之官導君上以非先王之法也

王曰嗚呼伯父伯兄仲叔季弟幼子童孫皆聽朕言

皆王同姓有父兄弟子孫列者也

尒尚敬逆天命以奉我一人雖畏勿畏雖休勿休

汝當庶幾敬逆天命以奉我一人之戒行事

【第二十九紙】

我一人雖畏勿畏雖休勿休 汝當庶幾敬逆天命以奉我一人之戒行事
雖見畏勿自謂可敬畏雖見美勿謂有德美 惟敬五刑以成三德一人
有慶兆民賴之 先戒以勞謙之德次教以惟敬五刑所以成剛柔正直之三德也天子有善
則兆民賴之 王曰吁來有邦有土告尓祥刑 有國有
土諸侯也告汝以善用刑之道也 在今尓安百姓何擇非人何敬非
刑 在今汝安百官兆民之道當何所擇非惟吉人乎當何所敬非惟五刑乎 兩造具備師聽
五辭 兩謂囚證也造至也兩至具備則衆獄官共聽其入五刑之辭也 五辭簡孚正于
五刑 五辭簡核信有罪驗則正之於五刑也 五刑不簡正于五罰 不簡核謂不應
五刑當出金贖罪也 五罰不服正于五過 不服不應罰也正於五過從赦免也

【第三十紙】

五刑當出金贖罪也　五罰不服，正于五過　不服不應罰也，正於五過從赦免也

五刑之疑有赦，五罰之疑有赦　刑疑赦從罰，罰疑赦從免　刑

罰世輕世重，惟齊非齊　言刑罰隨世輕重也，刑新國用輕典，刑亂國

用重典，刑平國用中典，凡刑所以齊非齊，各　非佞折獄，惟良折獄，罔非在

中　非口才可以斷獄，惟平良可以斷獄，無非在中正也　哀敬折獄，咸庶中正

當憐下民之犯法，敬斷獄之害，人皆庶幾必得中正之道也　其刑其罰，其審克

之　其所刑，其所罰，其當審能之，無失中也

群書治要卷第二

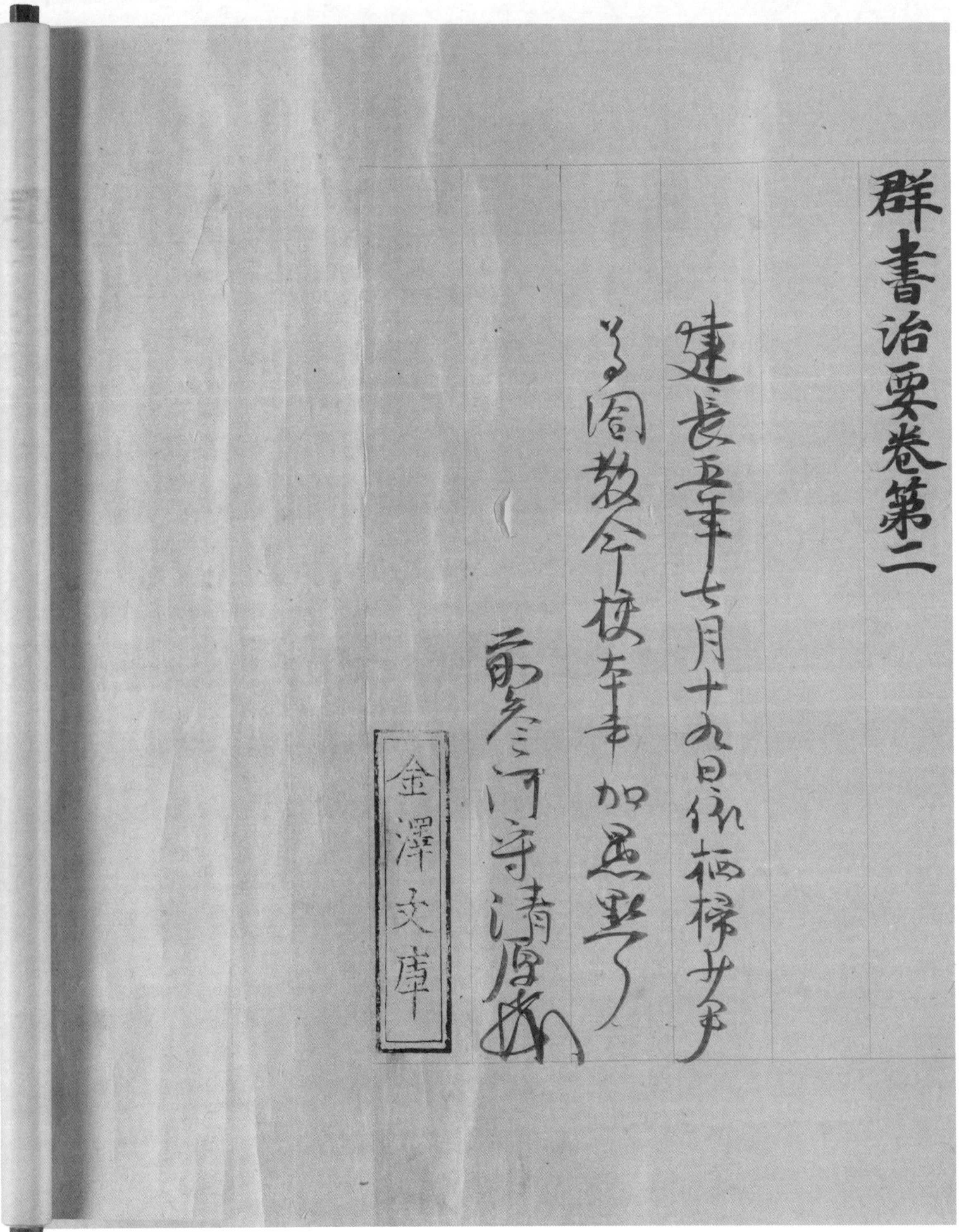

群書治要巻第二

建長五年七月十九日依越州使君尊

命圓教令校本手加墨點了

前参河守清原（花押）

群書治要
三
圖書寮
番號 117
冊數 48
函號 3

【第一紙】

群書治要卷第三　　秘書監鉅鹿男臣魏徵奉勅

詩

周南

關雎后妃之德也風之始也所以風化天
下而正夫婦也故用之鄉人焉用之邦國
焉風諷也教也風以動之教以化之詩者
志之所之在心為志發言為詩情動於
衷而形於言言之不足故嗟歎之嗟歎

裏而形於言言之不足故嗟歎之嗟歎之不足故詠歌之詠歌之不足不知手之舞之足之蹈之也情發於聲聲成文謂之音

發猶見也聲謂宮商角徵羽聲成文者宮商上下相應也

治世之音安以樂其政和亂世之音怨以怒其政乖亡國之音哀以思其民困故正得失動天地感鬼神莫近於詩先王以是經夫婦成孝敬厚人倫美教化移風易俗故詩有六義焉一曰風二曰賦三曰比

【第二紙】

俗故詩有六義焉一曰風二曰賦三曰比
四曰興五曰雅六曰頌上以風化下〻以風刺
上言之者無罪聞之者足以自誡故曰風以一國
之事繫一人之本謂之風言天下之事形四
方之風謂之雅〻者正也言王政之所由廢
興也政有小大故有小雅焉有大雅焉頌
者美盛德之形容以其成功告於神明者
也是謂四始詩之至也始者王道興衰之所由也至於王道
衰礼義廢政教失國異政家殊俗而變風變

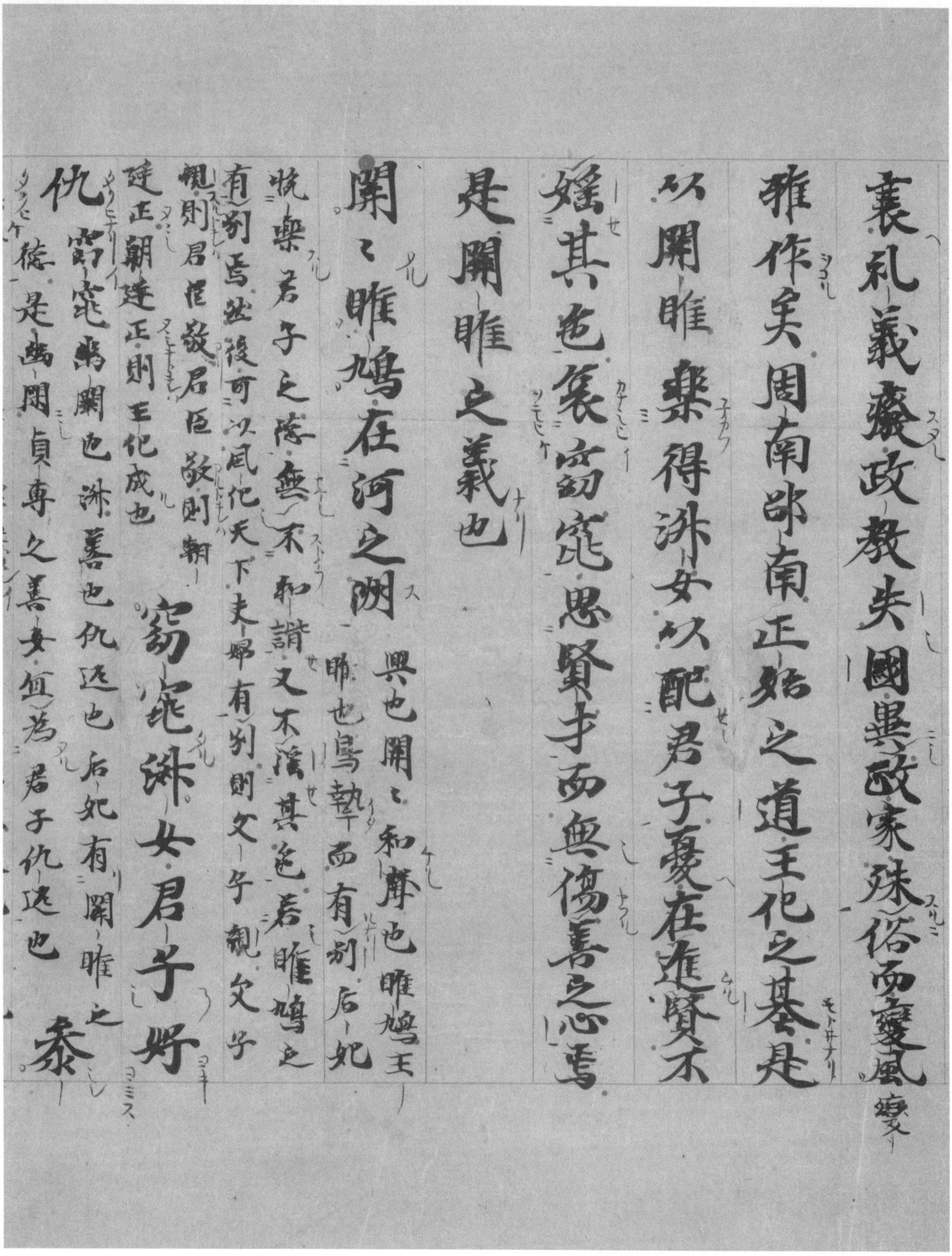

衰礼義廢政教失國異政家殊俗而變風變
雅作矣周南召南正始之道王化之基是
以關雎樂得淑女以配君子憂在進賢不
婬其色哀窈窕思賢才而無傷善之心焉
是關雎之義也
關〻雎鳩在河之洲 興也關〻和聲也雎鳩王雎也鳥摯而有別后妃悅樂君子之德無不和諧又不淫其色若雎鳩之
有別焉然後可以風化天下夫婦有別則父子親父子親則君臣敬君臣敬則朝
廷正朝廷正則王化成也 窈窕淑女君子好
仇 窈窕幽閒也淑善也仇匹也后妃有關雎之德是幽閒貞専之善女宜為君子仇匹也 參

【第三紙】

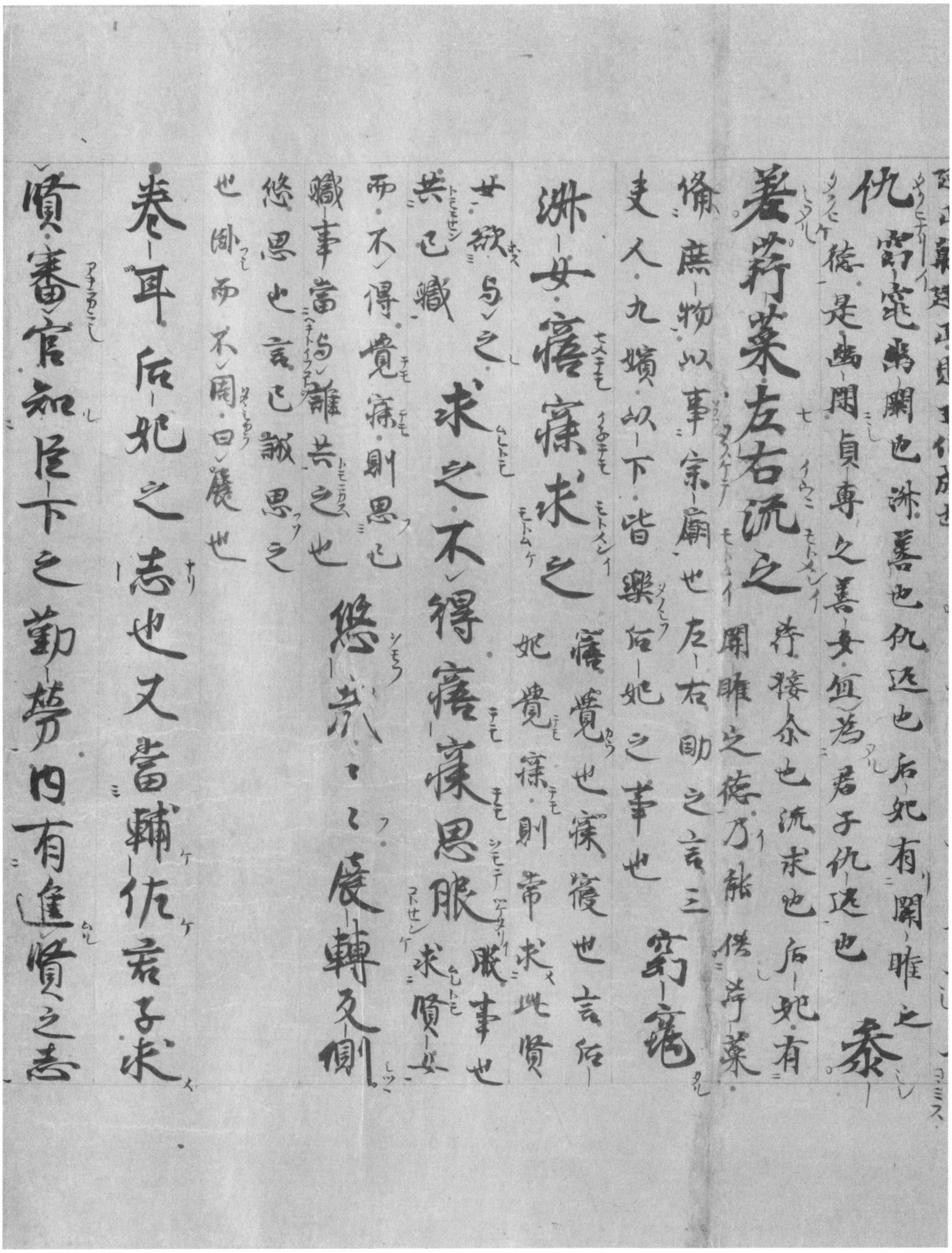

仇窈窕幽閑也淑善也仇逑也后妃有関雎之
徳是幽閑貞專之善女宜為君子仇逑也參
差荇菜左右流之荇接余也流求也后妃有
関雎之徳乃能供荇菜
備庶物以事宗廟也左右助之言三
夫人九嬪以下皆樂后妃之事也窈窕
淑女寤寐求之寤覺也寐寝也言后
妃覺寐則常求此賢
女欲与之
共己職求之不得寤寐思服服事也
求賢女
而不得覺寐則思己
職事當誰与共之也悠哉悠哉輾轉反側
悠思也言己誠思之
也卧而不周曰輾也
卷耳后妃之志也又當輔佐君子求
賢審官知臣下之勤勞内有進賢之志

【第四紙】

賢審官知臣下之勤勞內有進賢之志
而無險詖私謁之心朝夕思念至於憂勤
謁請也 采〻卷耳不盈頃筐 憂者之興也采〻事采之也卷耳
苓耳也頃筐畚屬也易盈之器也器之易盈而不盈者志在輔佐君子憂思深也 嗟我懷
人寘彼周行 懷思也寘置也行列也思君子官賢人置之周之列位也周之列位
謂朝廷之臣也
邵南
甘棠美邵伯也邵伯之教明于南国 邵伯姫姓
名奭作上公為二伯 蔽芾甘棠勿翦勿伐邵伯所茇 蔽芾

召奭作上公為二伯　蔽芾甘棠勿翦勿伐召伯所茇　蔽芾小貌甘棠杜也茇草舍也召伯聽男女之訟不重煩勞百姓止舍小棠之下而聽斷焉国人被其德悦其化敬其樹也

何彼襛矣美王姬也　雖則王姬亦下嫁於諸侯車服不繫其夫下后一等猶執婦道以成肅雍之德　何彼襛矣唐棣之華　興也襛猶戎戎也唐棣移也箋云何乎彼戎戎者乃移也華興者喻王姬顔色之美盛也　曷弗肅雍王姬之車　肅敬也雍和也曷何也之徃也何不敬和乎王姬徃乘車言其嫁時始乘車則已敬和矣

【第五紙】

乘車言其嫁時始乘車則已發和矣

邶風

栢舟言仁而不遇也衛頃公時仁人不遇小人在側汎彼栢舟亦汎其流興也汎〻流貌栢木所以宜爲舟也汎其流不以濟渡也舟載物也今而与衆物汎〻然俱流水中興者諭仁人之不用与群小人並列亦猶是也

耿〻不寐如有隱憂耿〻猶儆〻也隱痛也仁人既不遇憂在見侵害也

憂心悄〻慍于群小悄〻憂意也慍怒也覯閔既多受侮不少閔病也

谷風刺夫婦失道也衛人化其上淫於新昏而棄其舊室夫婦

化其上淫於新婚而棄其舊室夫婦
離絶國俗傷敗焉習〻谷風以陰以
習〻谷風以陰以雨　興也習〻和舒之皃東風謂之谷風陰陽和而谷風至夫婦
和則室家成之也　黽勉同心不宜有怒　言黽勉思与君子同心也所以
黽勉者以為見譴怒者非夫婦之宜也君子同心也　采葑采菲無以下體
葑須也菲芴也下體根莖也二菜皆上下可食然其根悪時采之者不可以根悪之時并棄其葉喻夫
婦以禮義合以顔色親亦不可以顔色衰而棄其相与之禮　德音莫違及爾同
死　莫無也及与也夫婦之言無相違者則可長相與處至死顔色斯須之有也

鄘風

【第六紙】

鄘風
相鼠刺無禮也衛文公能正其群臣而刺在位承先君之化無禮儀也 相鼠有皮人而無儀 相視也儀威儀也視鼠有皮雖處高顯之居偷食苟得不知廉恥亦與人無威儀者同也 人而無儀不死胡為 人以有威儀為貴今反無禮之傷化敗俗不如其死無所害也 相鼠有體人而無禮 體支體也 人而無禮胡不遄死
干旄美好善也衛文公之臣子多好善賢者樂告以善道也 賢者時處士也 孑

【第七紙】

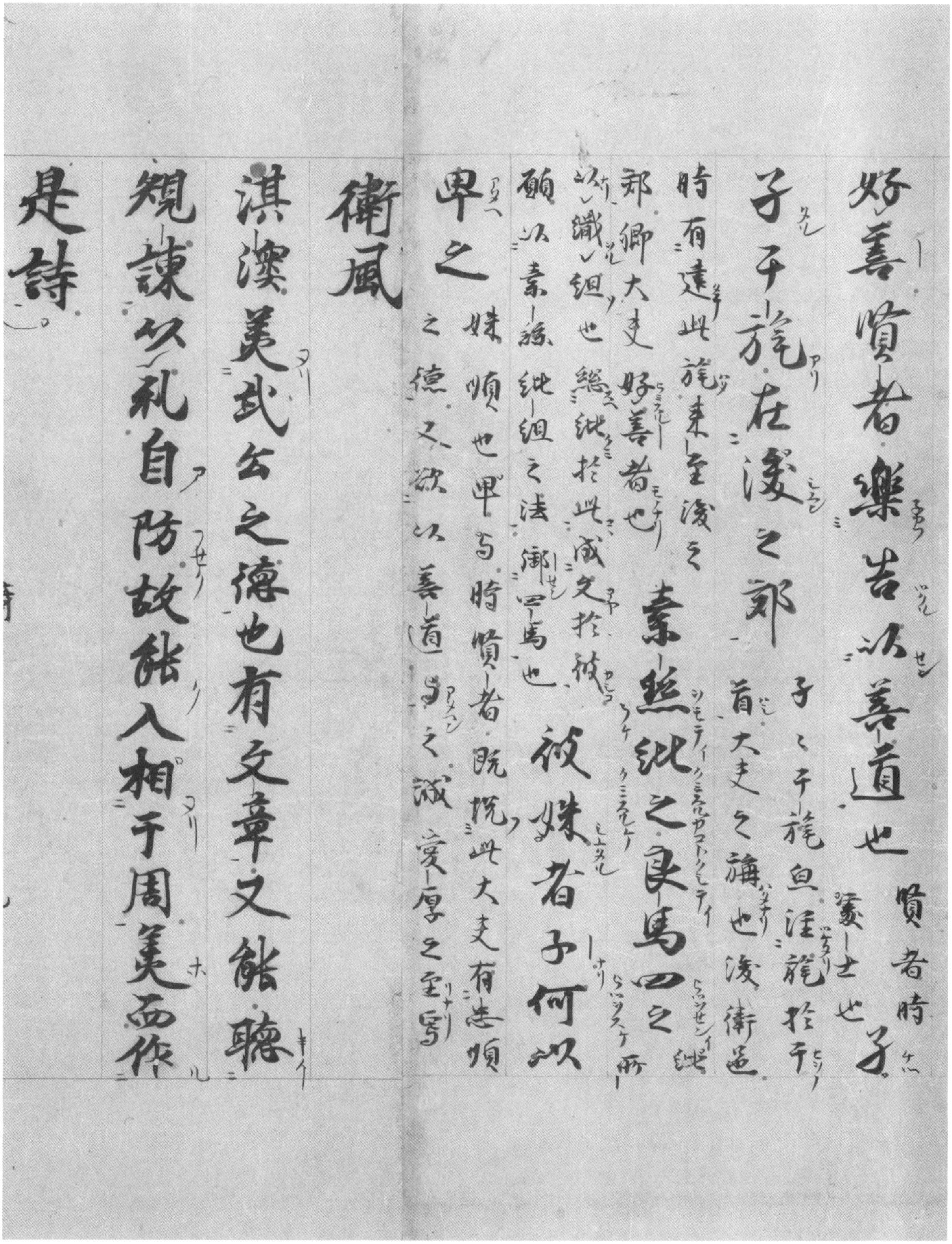

好善賢者樂告以善道也　賢者時處士也　孑

孑干旄在浚之郊　孑孑干旄皃注旄於干首大夫之旃也浚衛邑

時有建此旄來至浚之郊卿大夫好善者也　素絲紕之良馬四之　紕所

以織組也總紕於此成文於彼願以素絲紕組之法御四馬也　彼姝者子何以

畀之　姝順也畀予也時賢者既說此大夫有忠順之德又欲以善道與之誠愛厚之至

衛風

淇奧美武公之德也有文章又能聽

規諫以禮自防故能入相于周美而作

是詩

是詩

瞻彼淇澳綠竹猗〻　興也猗〻美貌也武公質美德盛有康叔之餘烈也

有斐君子如切如磋如琢如磨　斐文章貌治骨曰切象曰磋玉曰琢石曰磨道其學而成也其聽諫以礼自脩飾如玉石之見琢磨

丸蘭刾惠公也驕而無礼大夫刾之　惠公以幼童即位自謂有才能而驕於大臣但習威儀不知為政以礼也

丸蘭之支　興也丸蘭草柔弱恒延蔓於地有所依縁則起興者喻幼穉之君任用大臣乃能成其政也

童子佩觿　觿所以解結成人之佩也人君治成人之事雖童子猶佩觿早成其德也

雖則佩觿能不我知　此幼穉之君雖佩觿与其才能實不

【第八紙】

雖則佩觿能不我知此幼穉之君雖佩觿与其才能實不
如我衆臣之所知為也恵公自謂
有才能而驕慢所以見刺也

王風

葛藟王族刺桓王也周室道衰棄其
九族焉綿綿葛藟在河之滸水厓曰滸葛也藟
也生河之厓得其潤澤以長而不絶興
者喻王之同姓得王恩施以生長其子終遠兄弟
謂他人父兄弟族親也王寡於恩施今以遠
棄族親矣是我以他人為己父也
采葛懼讒也桓王之時政事不明臣無大小使
出者則為讒人所毀故懼之也
彼采葛兮一日不見如三月兮興也葛所
以為絺綌

彼采葛兮一日不見如三月兮 興也葛所以為絺綌
也事雖小一日不見於君憂懼於讒矣興者
以采葛喻臣以小事使出者也

鄭風

風雨思君子也亂世則思君子不改其
度焉風雨淒淒雞鳴喈喈 興也風且雨淒淒然雞猶守時而
鳴喈喈然興者喻君子雖居乱世不改其節度也 既見君子胡不夷
夷悅也思而見之云何不悅也
子衿刺學廢也乱世則學校不脩青
青子衿悠悠我心 青衿青領學子之所服學子而在學校之中已

【第九紙】

青子衿悠々我心　青衿青領學子之所服學子而在學校之中已留彼去故隨而思之

縦我不往子寧不嗣　嗣續也汝曾不傳聲問我以恩責其忘己也

齊風

鷄鳴思賢妃也哀公荒淫怠慢故陳賢妃貞女夙夜警戒相成之道焉鷄既

鷄既鳴矣朝既盈矣　鷄鳴朝盈夫人也君也可以起之常礼也

匪鷄則鳴蒼蠅之聲　夫人以蠅聲為鷄鳴則以作早於常時敬也

甫田大夫刺襄公也無礼義而求大功

甫田大夫刺襄公也無礼義而求大功不脩其德而求諸侯志大心勞所以求者非其道也

無田甫田維莠驕驕 興也甫大也大田過度而無人功終不能獲者猶人君欲立功致治必勤身脩德積小以成高大也 無思遠人勞心忉忉 忉忉憂勞也言無德而求諸侯徒勞其心忉忉然也

魏風

伐檀刺貪也在位貪鄙無功而受祿君子不得進仕尒坎坎伐檀兮寘之河之

子不得進仕尒坎〻伐檀兮寘之河之
干兮河水清且漣漪　伐檀以俟用若俟河水清且漣漪是謂
君子之人不得進仕也　不稼不穡胡取禾三百廛兮
不狩不獵胡瞻尒庭有縣貆兮　一夫之居曰廛貆貉貆獸名也
彼君子兮不素飡兮　素空彼君子者斥伐檀之人仕有功乃肯受祿
碩鼠刺重斂也國人刺其君之重斂蠶
食於民不脩其政貪而畏人若大鼠也
碩鼠碩鼠無食我黍三歲貫汝莫我
肯顧　碩大也鼠大鼠者斥其君汝無復食我黍疾其君稅斂之多我事汝已三歲矣曾無

【第十紙】

肯顧 碩大也鼠大鼠者斥其君汝無復食我黍疾其君稅斂之多我事汝已三歲矣曾無教令恩德來顧眷我又疾其不脩德也

逝將去汝適彼樂土 往矣將去汝焉之訣別之辭樂土有德之國也

唐風

杕杜刺時也君不能親其宗族骨肉離散獨居而無兄弟將為沃所并尒

有杕之杜其葉湑湑 興也杕特貌杜赤棠也湑湑枝葉不相次比之貌

獨行踽踽豈無他人不如我同父 踽踽無所親也他人謂異姓也言昭公棄其宗族獨行國中踽踽然此豈無異姓之臣乎顧恩不如同姓之親耳

謂異姓也言昭公棄其宗族獨行國中踽踽
然無與豈無異姓之臣乎顧恩不如同姓之親耳

秦風

晨風刺康公也忘穆公之業棄其賢臣

鴥彼晨風鬱彼北林　興也鴥疾皃也晨風鸇也鬱積疾如晨風之飛
入北林之中也先君招賢人賢人往之
疾如晨風之鸇飛入如北林也　未見君子憂

心欽欽　言穆公始未見君子之
時思望而憂欽欽然也　如何如何忘我

實多　此言穆公之意責康公如何乎
如何乎汝忘我之事大多也

渭陽康公念母也康公之母晉獻公之

女文公遭驪姬之難未反而秦姬卒

【第十一紙】

女文公遭孋姫之難未反而秦姫卒
穆公納文公康公為太子贈送文公于
渭之陽念母之不見也我見舅氏如母
存焉及其即位思而作是詩也我送
我送舅氏曰至渭陽 渭水名也 何以贈之路
車乘黄 贈送也乘黄駟馬皆黄也 我送舅氏悠〻我
思何以贈之瓊瑰玉佩 瓊瑰美石而次玉者也
權輿刺康公也忘先君之舊臣與賢
者有始而無終也

者有始而無終也

於我乎夏屋渠〻夏大也屋具也渠〻猶勤〻也言君始於我厚設礼

食大具以食我其意勤〻然今也每食無餘此言君今遇我薄其食我

裁足也于嗟乎不承權輿承繼也權輿始也

曹風

蜉蝣刺奢也昭公國小而迫無法以自

守好奢而任小人將無所依焉蜉蝣

蜉蝣之羽衣裳楚〻興也蜉蝣渠略也朝生夕死猶有羽翼以自

脩飾楚〻鮮明貌興者喻昭公之朝其群臣皆小人也徒整飾其衣裳不知國將迫脅君子死亡之无

飾楚鮮明也興者喩照公之朝其群臣皆小人也徒整飾其衣裳不知國將迫脅君子死亡之无
日如渠略其盛之也　心之憂矣於我歸處　歸依歸也君當
於何依歸言有危亡之難將无所就往也　候人刺近小人也共公
遠君子而好近小人焉　彼候人兮荷戈
與祋　候人道路送迎賓客者也荷揭也祋芟也言賢者之官不過候人　彼其
之子三百赤芾　〻韠也大夫以上赤芾乘軒之子是子也佩赤芾者三百人
小雅
鹿鳴燕群臣嘉賓也既飲食之又實
幣帛筐篚以將其厚意然後忠臣

【第十二紙】

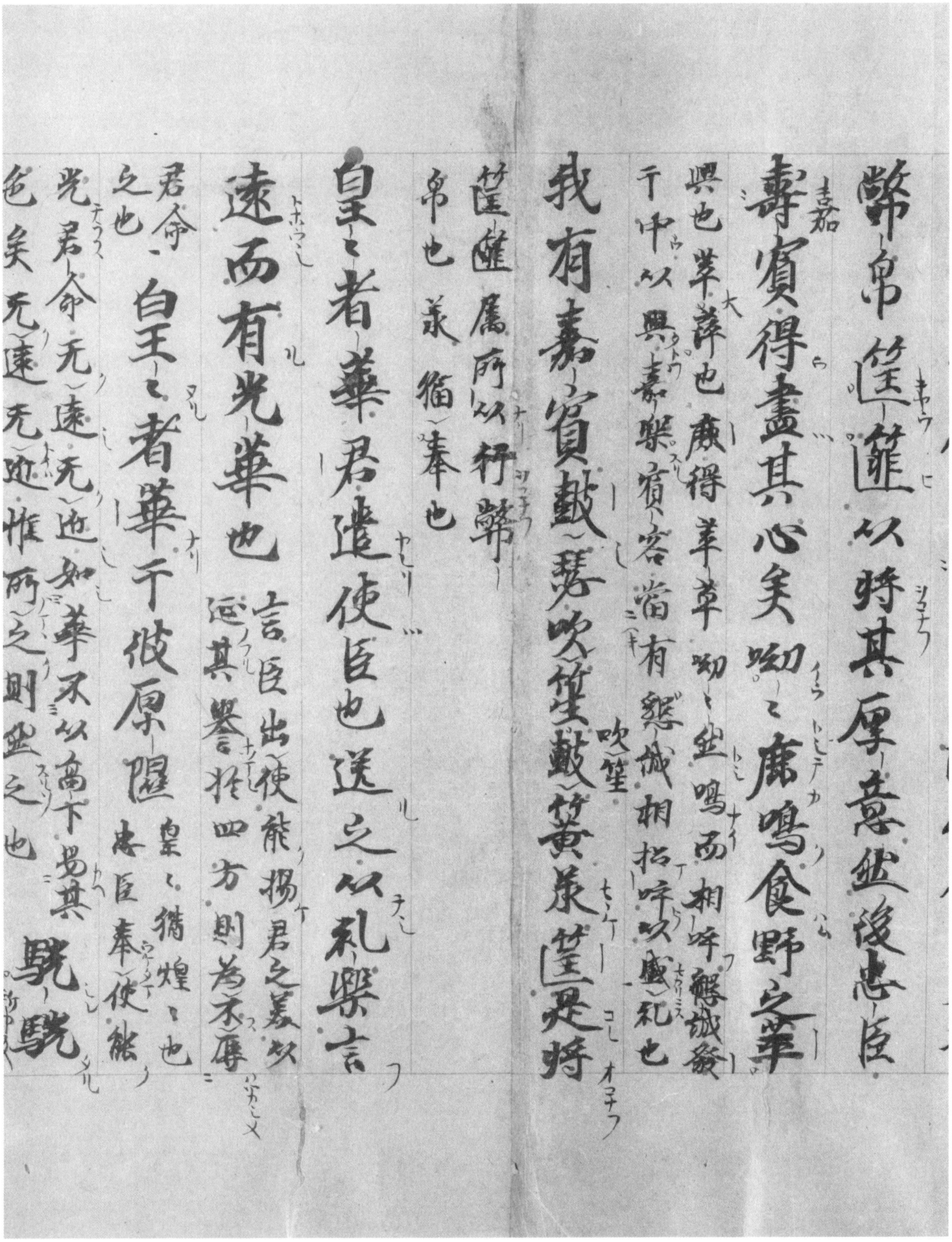
幣帛筐篚以將其厚意然後忠臣
嘉賓得盡其心矣　呦呦鹿鳴食野之苹
興也苹薜也鹿得苹草呦呦然鳴而相呼懇誠發
乎中以興嘉樂賓客當有懇誠相招呼以盛礼也
我有嘉賓鼓瑟吹笙吹笙鼓簧承筐是將
筐篚屬所以行幣帛也　承猶奉也
皇皇者華君遣使臣也送之以礼樂言
遠而有光華也　言臣出使能揚君之美以延其譽於四方則為不辱
君命之也　皇皇者華于彼原隰　皇皇猶煌煌也忠臣奉使能
光君命无遠无近如華不以高下易其色矣　无遠无近惟所之則然之也　駪駪

光君命无遠无近如華不以高下易其色矣无遠无近惟所之則然之也 駪駪征夫毎懐靡及 駪〻衆多之皃也征夫行人也衆行夫既受君命當速行毎人懐其私相稽留則於王事將無所及也

鄂 本作鄂 韡 本作韡 鶺鴒 本作即令

常棣燕兄弟也閔管蔡之失道故作常棣焉 周公弔二叔之不咸而使兄弟之恩疏召公為作是詩而歌之以親之

常棣之華鄂不韡韡 承華者曰鄂不當作拊〻鄂之也鄂得華之光明韡〻然也興者喻弟以敬事兄〻以榮覆弟恩義之顯亦韡〻然也 [redacted]

凡今之人莫如兄弟 人之恩親無如兄弟之最厚 鶺鴒在原兄弟急難 鶺鴒雍渠也飛則鳴行則搖不能自舍尒急難言兄弟

在原兄弟急難　鶺鴒雍渠也飛則鳴行則搖不能自舍尒急難言兄弟
之相救於急難矣　每有良朋况也永歎　况茲也永長也每雖也良
善也當急難之時雖有善同門來茲對之長歎而已也　兄弟鬩于墻外
御其侮　禦其　鬩很也禦禁也兄弟雖内鬩外猶禦侮也
伐木燕朋友故舊也自天子以下至于
庶人未有不須友以成者親親以睦友
賢不棄不遺故舊則民德歸厚矣伐木丁
丁鳥鳴嚶嚶　丁丁嚶嚶相切直也言昔日未居位與友生於山巖伐木爲勤苦之事
猶以道德相正也嚶嚶兩鳥聲也其鳴之志似於友道故連言之也乎　出自幽谷

【第十三紙】

猶以道德相攻正也嚶〻兩鳥聲也其鳴之志似於友道故連言之也吁出自幽谷

遷于高木遷徙也謂鄉時之鳥出徙深谷今移處高之木也嚶其

鳴矣求其友聲君子雖遷於高位不可以忘其朋友也相彼

鳥矣猶求友聲矧伊人矣不求友生

矧況也相視也鳥尚知居高木呼其友是人乎不可不求之乎也

天保下報上也君能下〻以成其政則臣亦

歸美以報其上焉

天保定爾俾爾戩穀罄無不宜受天

百祿保安也爾汝也戩福也穀祿也罄盡也天使汝所福祿之人謂群臣也其舉事盡得

百祿　保安也尔汝戩福也穀祿也罄盡也天使汝所福祿之人謂群臣也其舉事盡得其宜〻受天之多福祿　得其宜〻受天多福祿　如月之恆　如日之昇　恆弦也升出也言俱進也月上弦而就盈日始出而就明也　如南山之壽不騫不崩　騫虧也　如松栢之茂無不尔或承　或之言有也如松栢之枝葉常茂盛青〻相承无衰落也　南山有臺樂得賢也得賢者則能為邦家立本平之基矣　人君得賢者則其德廣大堅固如山之有基趾也　南山有臺北山有萊　臺夫須也　興者喻山之有草木以自覆蓋成其高大喻人君有賢臣自以尊顯之也　樂只君子邦家之

【第十四紙】

216 以自覆蓋成其大喻人君有賢臣自以尊顯之也　樂只君子邦家之

217 基　基本也只之言是也人君既得賢者置之於位又尊敬以礼樂〻之則能為國家

218 之本也　蓼蕭澤及四海也

219 蓼彼蕭斯零露湑兮　興也蓼長大貌蕭蒿也湑〻然蕭上

220 露貌興者蕭香物之微者喻四海之諸侯亦君之賤者露天所以潤萬物喻王者恩澤不為遠國則不

221 及之國國也　既見君子我心寫兮　既見君子者遠

222 國之君朝見於天子也我心寫者舒其情意无留恨者　燕笑語兮是以

223 有譽處兮　天子与之燕而笑語則遠國之君各得其所是以稱揚德美使聲譽

224 常處天子也　湛露天子燕諸侯也湛湛露斯

【第十五紙】

常處天

湛露，天子燕諸侯也。湛〻露斯，

子也

匪陽不晞。晞，乾也。露雖湛〻然，見陽則乾。興者，露之在物湛〻然，使物柯

葉低垂。諸侯受燕爵，其威儀有似醉之貌。唯天子賜爵，則自變肅敬承命，有似露見

日而晞也

厭〻夜飲，不醉無歸。厭〻，安也。

六月，宣王北伐也。鹿鳴廢則和樂缺矣，

四牡廢則君臣缺矣，皇〻者華廢則

忠信缺矣，常棣廢則兄弟缺矣，伐木廢

則朋友缺矣，天保廢則福祿缺矣，采薇

廢則征伐缺矣，出車廢則功力缺矣，

【第十五紙】

廢則征伐缺矣出車廢則功力缺矣
杕杜廢則師衆缺矣魚麗廢則法
度缺矣南陔廢則孝友缺矣白華
廢則廉恥缺矣華黍廢則畜積缺
矣由庚廢則陰陽失其道理矣南有
嘉魚廢則賢者不安下民不得其所矣
崇丘廢則萬物不遂矣南山有臺廢則
爲國之基隊矣由儀廢則萬物失其道
理矣蓼蕭廢則恩澤乖矣湛露廢則

【第十六紙】

理矣蓼蕭廢則恩澤乖矣湛露廢則
萬國離矣彤弓廢則諸夏衰矣菁々
者莪廢則無禮儀矣小雅盡廢則
四夷交侵中國微矣六月棲々戎車
既飭 棲々簡閲貌飭正也記六月者盛夏出兵明其急也 玁狁孔
熾我是用急 熾盛也孔甚也此序吉甫之急也北狄交侵甚熾故王
以是急遣我也
車攻宣王復古也 宣王能内脩政事
外攘夷狄復文武之境土脩車馬備器

外攘秋狄復文武之境土脩車馬備器械復會諸侯於東都因田獵而選車徒焉（東都王城）

我車既攻我馬既同（攻堅也　同齊也）四牡龐龐駕言徂東（龐龐充實　東雒邑也）蕭蕭馬鳴悠悠旆旌（言不讙譁也）之子于征有聞無聲（有善聞而無讙譁也）

鴻鴈美宣王也萬民離散不安其居而能勞來還定安集之至于鰥寡宜無不得其所焉（宣王承厲王衰乱之弊而興復先王）

【第十七紙】

宣無不得其所焉　宣王承厲王衰乱之弊而興復先王
之道以安集衆民爲始也
鴻鴈于飛集于中澤　中澤ゝ中鴻鴈之性安居澤中
今飛而又集于澤中猶民去其居而離散今見還定安集之也　之子于
垣百堵皆作　侯伯卿士又於壞滅之國徵民起屋舍築牆壁百堵同時
起言趣常事也　雖則劬勞其究安宅　此勸萬民之辭汝今
雖病苦終於有所居安也
白駒大夫刺宣王也　刺其不能留賢也　皎ゝ白
皎ゝ白駒食我場苗縶之維之以永今

皎〻白駒食我場苗縶之維之以永今
朝宣王之末不能用賢〻者有乘白駒而去者縶絆也維繫也永久也願此去者乘白駒而
来使食我場中之苗我則絆之繫之以久今朝愛之欲留之也所謂伊人
所謂伊人於焉逍遥乘白駒而去之賢人今何遊息乎思之甚
節南山家父刺幽王也家父字周大夫也節
節彼南山維石巖〻興也節高峻貌巖〻積石貌興者喻三
公位人所尊嚴也赫〻師尹民具爾瞻師大師周之三
公尹氏為太師具俱也此言君代汝居三公尹氏為太師具（之位天下之民）俱視汝之所為也國既卒
斬何用不監卒盡也斬斷也監視也天下之諸侯日相侵伐其國已盡絶滅

斬何用不監　卒盡也斬斷也監視也天下之諸侯日相侵伐其國已盡絶滅
汝何用爲職不監察之
正月大夫刺幽王也
正月繁霜我心憂傷　正月夏之四月也繁多也夏之四月而霜多急恒寒若之異也傷害万物故心爲之憂傷也
民之訛言亦孔之將　將大也訛僞也人以僞言相陷入使王行酷暴之刑致此災害異故言甚大
謂天蓋高不敢不局謂地蓋厚不敢不蹐　局曲也蹐累足也此民有疾苦王政上下皆可畏之言也
哀今之人胡爲虺蜴　虺蜴之性見人則走哀我今之人何爲如是傷時政也
燎之方揚寧或滅之

【第十八紙】

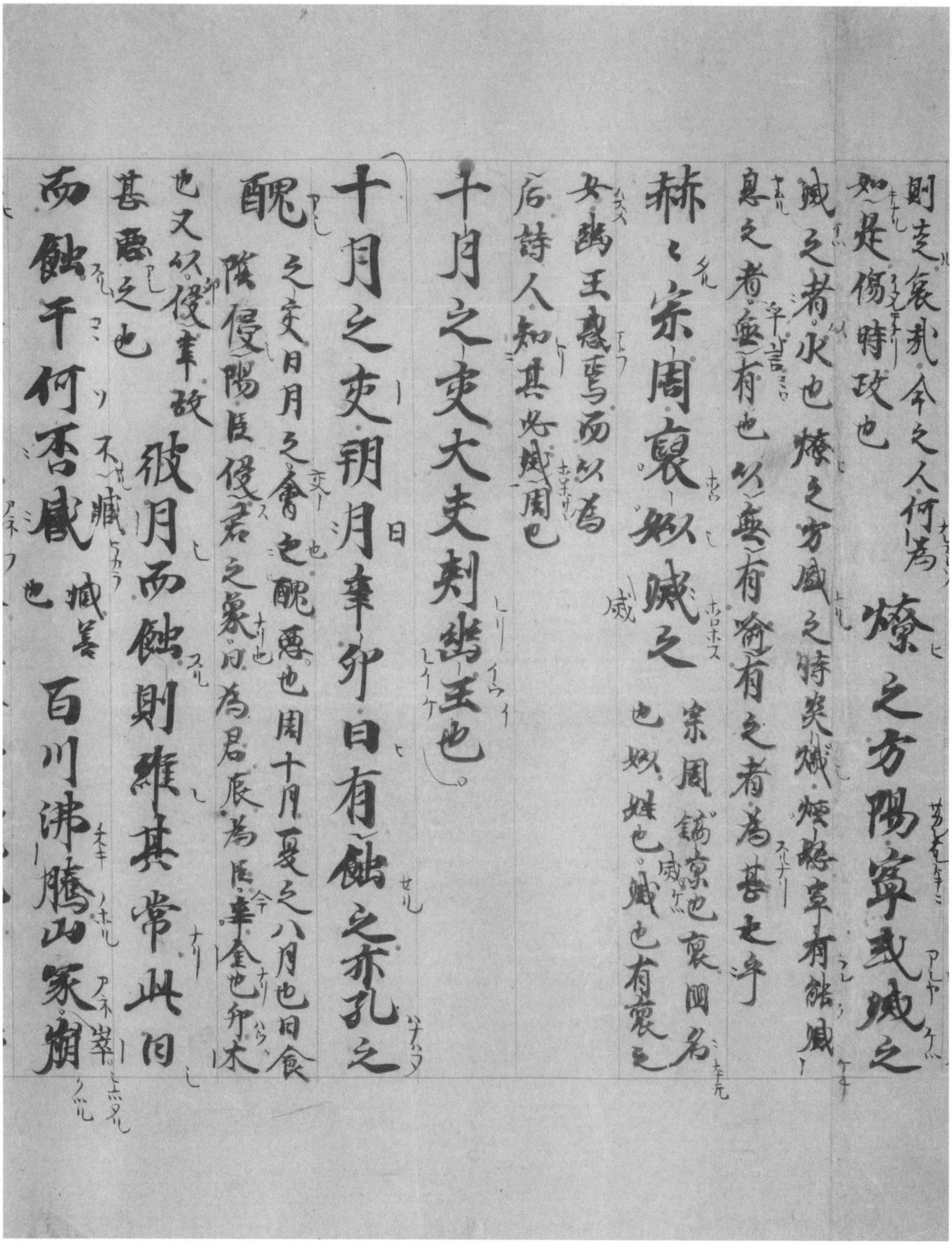

則忘哀哉今之人何為如是傷時政也燎之方陽寧或滅之
滅之者火也燎之方盛之時炎熾熛怒寧有能滅息之者無有也以無有喻有之者為甚也
赫赫宗周褒姒滅之宗周鎬京也褒國名也姒姓也滅也有褒之女幽王惑焉而以為后詩人知其必滅周也
十月之交大夫刺幽王也
十月之交朔月辛卯日有蝕之亦孔之醜之交日月之會也醜惡也周十月夏之八月也日食陰侵陽臣侵君之象日為君辰為臣辛金也卯木也又以卯侵辛故甚惡之也
彼月而蝕則維其常此日而蝕于何不臧臧善也
百川沸騰山冢崒崩

而蝕于何不臧　臧善　百川沸騰山冢崒崩
沸出也騰乘也山頂曰冢崒者崔嵬也百川沸
出相乘陵者由貴小人也山頂崔嵬崩者喻君道
壞也　高岸為谷深谷為陵　言君子居下褒
小人處上也
今之人胡憯莫懲　憯曾也變異如此禍亂方
興哀今在位之人曾無以道
德止之也　黽勉從事不敢告勞　詩人賢者見時
如是自勉以從
王事雖勞不敢自
謂為勞畏刑罰也　無罪無辜讒口囂囂　囂囂
囂囂眾多貌也時人非有辜
罪其被讒口見椒譖囂囂然
小旻大夫刺幽王也
謀臧不從不臧覆用　臧善也謀之善者不從之
其不善者反用之也

【第十九紙】

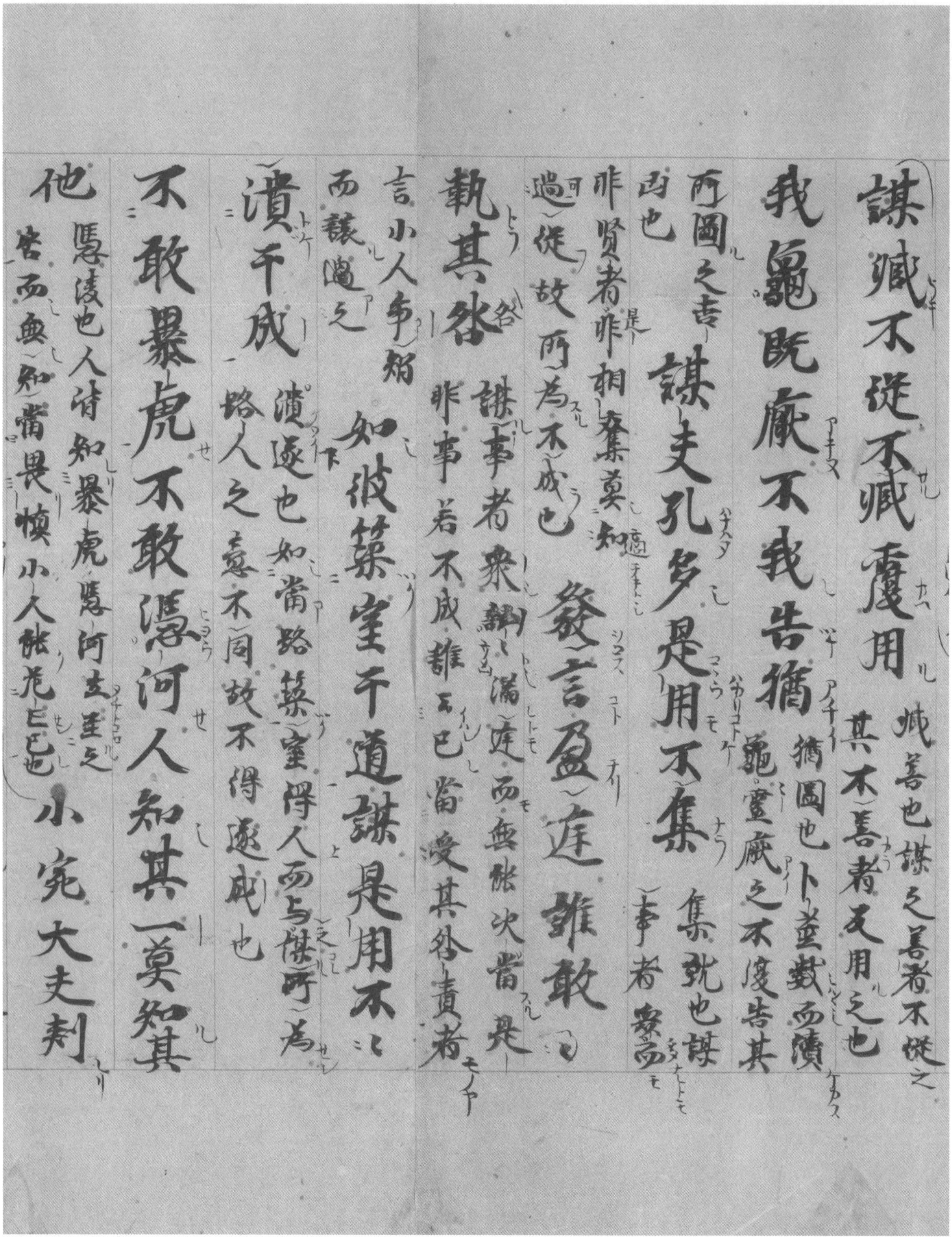

謀臧不從不臧覆用 臧善也謀之善者不從之其不善者反用之也
我龜既厭不我告猶 猶圖也卜並數而瀆龜靈厭之不復告其所圖之吉
謀夫孔多是用不集 集就也謀事者衆而非賢者非相奪莫知過從故所為不成也
發言盈廷誰敢執其咎 謀事者衆訩訩滿廷而無能決當是非事若不成誰云已當受其咎責者言小人爭知而讓過之
如彼築室于道謀是用不潰于成 潰遂也如當路築室得人而与謀所為路人之意不同故不得遂成也
不敢暴虎不敢馮河人知其一莫知其他 馮陵也人皆知暴虎馮河立至之害而無知當畏慎小人能危亡也
小宛大夫刺

他馮陵也人皆知暴虎馮河立至之害而無知當畏慎小人能危亡也小宛大夫刺
幽王也溫溫恭人溫溫和柔皃如集于木恐墜也
惴惴小心如臨于谷恐隕戰戰兢兢如履薄
冰衰乱之世賢人君子雖無罪猶懼恐懼之也
小弁刺幽王也太子之傅作焉作焉
踧踧周道鞫為茂草踧踧平易皃周道周室之通道也鞫
窮也我心憂傷惄焉如擣假寐永歎維憂
用老心之憂矣疢如疾首惄思也擣心疾也不脫衣冠而
寐曰假寐疢猶病也維桑与梓必恭敬止父之所樹己尚不敢不恭敬也

寐曰假寐疢猶病也 維桑与梓必恭敬止 父之所樹已尚不敢不恭敬也

靡瞻匪父靡依匪母不屬于毛不離于裏 此言人無不瞻仰其父取法則者無不依恃其母以長大者今我太子獨不得父之皮膚之氣乎不處母之胞胎乎何嘗无息於我也

無逝我梁無發我笱 逝之也之人梁發人笱此必有盜簞之罪猶言褒姒淫恣來嬖於王盜我太子毋子之寵也

我躬不閱遑恤我後 念父孝也念父孝者太子念王將受讒言不已我死之後懼復有被讒者無如之何故自決云身尚不能得自容何暇乃憂我死之後乎

巧言刺幽王也大夫傷於讒而作

【第二十紙】

巧言刺幽王也大夫傷於讒而作
是詩亂之初生僭始既涵　僭不信也涵同也王
之初生亂萌群臣之言信与不信盡同之不別　亂之又生君子之
信讒　君子所在位者信讒人言是復亂之所生　君子信
盜亂是用暴　盜謂小人　盜言孔甘亂是
用餤　餤進也　巷伯刺幽王也寺人傷於
讒而作是詩　巷伯内小臣　萋兮斐兮成
是貝錦　興也萋斐文章貌貝錦〻文興者喩讒人集作已過以成於罪
猶女工之集依采色成錦文也　彼讒人者亦已大甚

猶女工之集采色成錦文也彼譖人者亦已太甚

太甚者謂使已得重罪取彼譖人投畀豺虎

虎不食投畀有北（北方寒涼而不毛也）有北不

受投畀有昊（昊〻天也付況天使制其罪也）

谷風刺幽王也天下俗薄朋友道

絶焉習習谷風維風及雨（興也風雨相感朋友

相須風而有雨則潤澤行喻朋友同志則恩愛成）將恐將懼維

予與汝（將且也恐懼喻遭厄難也）將安將樂汝轉

棄予（汝今已志達而安樂而棄恩忘舊薄之甚也）忘我大德

【第二十一紙】

棄予汝今遂而安樂而棄恩忌舊薄之甚也忘我大德
思我小怨大德切瑳以道相成之謂也蓼莪刺幽王
也民人勞苦孝子不得終養爾蓼蓼
者莪匪莪伊蒿興也蓼蓼長大也莪已蓼蓼長大我視之
反謂之蒿興者喻憂思心不精識其事也哀哀父母生
我劬勞哀哀者恨不得終養父母報其生長已之苦也無父
何怙無母何恃出則銜恤入則靡
至恤憂也孝子之心怙恃父母依依然以為不可斯須無也出門則思之憂旋入門又不見
如入無所至也父兮生我母兮鞠我拊我

如入無所至也父兮生我母兮鞠我拊我
畜我長我育我顧我復我出入腹
我鞠養也顧旋視之也復反覆也腹懷抱也欲報之德昊天
罔極之猶是也我於也欲報父母是德昊天乎我心無極也
北山大夫刺幽王也役使不均己勞
於從事而不得養其父母焉溥
天之下莫非王土率土之濱
莫非王臣此言王之土地廣矣王之臣又衆矣何求而不得何使而不
行乎大夫不均我從事獨賢賢勞也

行乎　大夫不均我從事獨賢　賢勞或

嶽〻以居息　嶽〻安息顏也　或盡瘁以事國

盡力勞病以從國事　或息偃在林　或不已于行

不已猶不止也　或棲遲偃仰　或王事鞅掌

鞅掌猶荷也掌謂捧持之也負荷捧持以趍走促遽也　或耽樂飲

酒　或慘〻畏咎　咎猶罪過過

青蠅　大夫刺幽王也

營〻青蠅止于樊　興也營〻往來貌樊藩也興者蠅之為蟲

汙白使黑汙黑使白喻讒佞人之變亂善惡也止於藩欲外之令遠物之也　愷悌

【第二十二紙】

汙白使黒汙黒使白喻佞人之變亂善悪也止於藩欲外之令遠物之也 愷悌君子無信讒言 愷悌樂易也 營營青蠅止于棘讒人罔極交亂四國 極猶已也 賓之初筵衛武公剌時也幽王荒廢媟近小人飲酒無度天下化之君臣上下沈湎淫液武公既入而作是詩也 淫液者飲酒時情態也 言武公入者為王卿士也 賓之初筵温温其恭 温温和柔也 其未醉止威儀反反曰既醉止威儀幡幡舍其坐遷屢

【第二十三紙】

〻曰醉止威儀幡〻舍其坐遷屢
舞僊〻是 反〻言重愼也幡〻失威儀也 僊〻然舞也此言賓初即筵之
時自勅戒以礼至於醉而小人之態出也 賓既醉止載號載
呶乱我籩豆屢舞僛〻是曰既醉
不知其郵側弁之俄屢舞傞〻號
號呼讙呶也僛〻舞不能自止也傞〻 不止也郵過也側傾也俄傾貌也
来〻外刺幽王也侮慢諸侯〻〻来
朝不能錫命以礼數徴會之而
無信義君子見徴而思古焉采

【第二十四紙】

無信義君子見譏而思古焉采
菽采菽筐之筥之 菽所以芼大牢而待君子也
君子來朝何錫与之雖無与之路
車乗馬 君子謂諸侯也錫諸侯以車乗馬言雖無与之尚以為薄也
角弓父兄刺幽王也不親九族而
好讒佞骨肉相怨故作是詩也
騂騂角弓翩其反矣 興也騂〻調利也不善紲檠巧用則翩然而反興者喩王与九族不以恩礼御持之則使之多怨也
兄弟婚姻無胥遠矣 胥相也骨肉之親當相親無相疎遠相疎遠則以親〻之望易以成怨也

遠矣　胥相也骨肉之親當相親无相踈遠相踈遠則以親親之望易以成怨爾之

遠矣民胥然矣爾之教矣民胥傚矣

爾汝爾幽王也胥皆也言王汝不親骨肉則天下之人皆如斯汝之教令无善无惡所尚者天下之

人皆學之言上之化下不可不慎也　菀柳刺幽王也暴虐而

刑罰不中諸侯皆不欲朝言王者之

不可朝事也

有菀者柳不尚息焉　尚庶幾也有菀然枝葉茂盛之柳行

路之人豈有不庶幾欲之止息乎興者喻王有盛德則天下皆庶幾願往朝焉憂今不然也

俾予靖之後予極焉　靖謀也俾使也極誅也假使我朝

【第二十五紙】

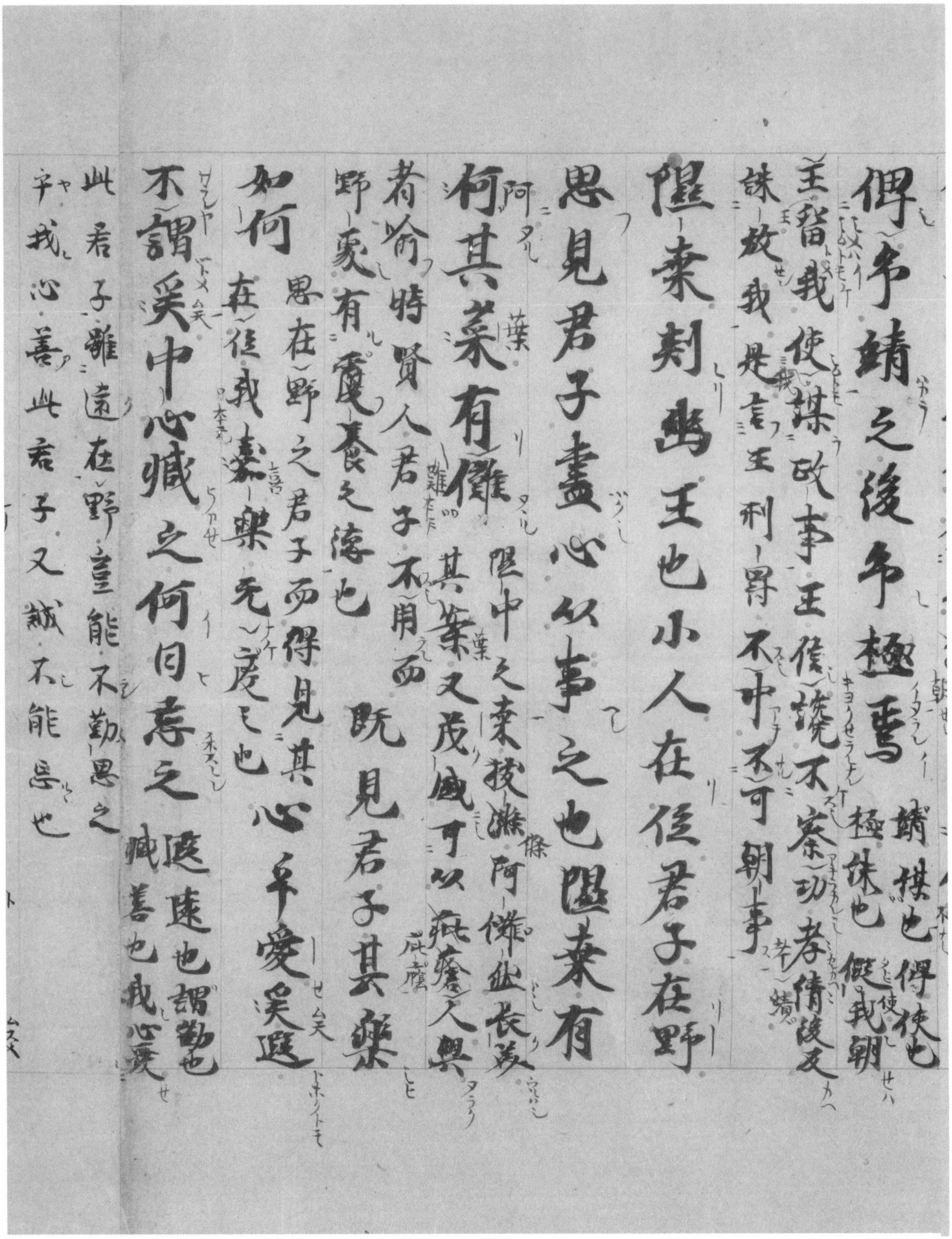

俾予靖之後予極焉 靖謀也俾使也極誅也假使我朝
王留我使謀政事王信讒不察功考績後反
誅放我是言王刑罰不中不可朝事
隰桑刺幽王也小人在位君子在野
思見君子盡心以事之也隰桑有
阿其葉有難 隰中之桑枝條阿難然長美
其葉又茂盛可以庇廕人興
者喻時賢人君子不用而
野處有覆養之德也 既見君子其樂
如何 思在野之君子而得見其
在位我喜樂无度也 心乎愛矣遐
不謂矣中心藏之何日忘之 遐遠也謂勤也
藏善也我心善
此君子雖遠在野豈能不勤思之
乎我心善此君子又誠不能忘也

此君子雖遠在野豈能不勤思之
乎我心善此君子又誠不能忘也
白華周人刺幽后也幽王娶申女以
為后又得褒姒而黜申后故下國化
之以妾為妻以孽代宗而王弗能
治 申姜姓之國孽支庶也宗適 / 子也王不能治已不正故也 英英白雲
露彼菅茅 英英白雲貌白雲下露養彼 / 可以為菅之茅使与白華之管
可相乱易猶天之下妖氣生 / 褒姒使申后見黜也 天步艱難之
子不猶 步行也猶圖也天行此艱難之 / 妖久矣王不圖其變之所由昔
夏之衰有二龍之妖卜藏其漦周厲王發 / 而觀之化為玄黿童女遇之當宣王之時而

【第二十六紙】

夏之衰有二龍之妖卜藏其漦周厲王發而觀之化為玄黿童女遇之當宣王之時而
生女棄之後襃人有獄而入之幽王嬖之是謂襃姒鼓鍾于宮聲
聞于外王失亂於內而下國聞知而化之王弗能治如鳴鍾鼓於宮而欲使外人
弗聞亦不可得也念子懆懆視我邁邁邁邁不悅也言申后之於
王也念之懆懆欲諫正之王反不悅於其所言
何草不黃下國刺幽王也四夷交侵中
國背叛用兵不息視民如禽獸君子
憂之故作是詩也何草不黃何日不行
用兵不息軍旅自歲始草生而出黃落晚何矣何草而不黃乎言草皆黃矣於是閒將率何日不行

【第二十七紙】

用兵不息軍旅自歳始草生而出歳晩何実何
草而不黄乎草皆黄矣於是間時率何日不行
率言常行勞苦之也何人不將經營四方言万民無不從役者也
匪兕匪虎率彼曠野兕虎野獸也曠空也兕虎者以比戰士也
哀我征夫朝夕不暇

大雅

文王文王受命作周也受命受天命而王天下制立周邦
文王在上於昭于天在上在民上也於歎辭也昭見也文王初為西伯
有功於民其德著見於天故天命之以為王也周雖舊邦其命
惟新乃新在文王也濟濟多士文王以寧濟濟多威

惟新乃新在文王也濟濟多士文王以寧濟濟多威儀也商之孫子其麗不億上帝既命侯于周服麗數也商之孫子其數不徒億多也至天已命文王之後乃為君於周之九服之中言衆之不如德也侯服于周天命靡常則見天命之無常也常者善則就之惡則去之殷士膚敏祼將于京殷士殷侯也膚美也敏疾也祼灌鬯也將行也殷之臣壯美而敏來助周祭也

大明文王有明德故天復命武王也二聖相承其明德日廣大故曰大明也

本作
今紂居
天位而

二聖相承其明德日廣大故曰大明也

明明在下赫赫在上　明明察也文王之德明明在於下赫赫然著見於天也

天難忱斯不易維王天位殷嫡使

不挾四方　忱信也使達也天之意難知矣不可改易者天子也今紂居天位而又殷之

正嫡以其為惡乃絕棄之使教令不行於四方四方共叛之是天命無常唯德是與耳

維此文王小心翼翼昭事上帝聿懷

多福厥德不回以受方國　回違也小心翼翼恭慎

貌聿述也懷思也方國四方來附者也　思齊文王所以聖也

言其非但天性德有所由成也　思齊大任文王之母思媚

言其非但天性德有所由成也　思齊大任文王之母思媚周姜京室之婦也　齊莊也媚愛也周姜大姜京室王也常思莊敬者大任也及為文王之母又常思愛大姜之配大王之礼以為京室之婦言其德行純備以生聖子　大姒嗣徽音則百斯男　大姒文王之妃也大姒十子衆妾則宜百子者徽美也嗣大任之美音謂續行其善教令　刑于寡妻至于兄弟以御于家邦　刑法也寡妻寡有之妻言賢也御迎也文王以礼法待其妻至于其宗族以此又能為政治於家邦　靈臺民始附文王受命而民樂其有靈德以及鳥獸昆蟲焉　文王

有靈德以及鳥獸昆蟲焉文王受命而作邑于豐立靈臺也經始靈臺經之營之庶民攻之不日成之文王應天命度始靈臺之基趾營表其位衆民則築作不設期日而成之言樂文王之德勸其事忘勞也經始勿亟庶民子來亟急也經始靈臺之基趾非有急成之意發民各以子成父事而來攻之

行葦（忠厚也周家）忠厚仁及草木故能內睦於九族外尊事黃耇養老乞言以成其福祿焉乞言從求善言可以爲政者也敦彼行葦羊牛勿踐履方苞方體維葉

【第二十九紙】

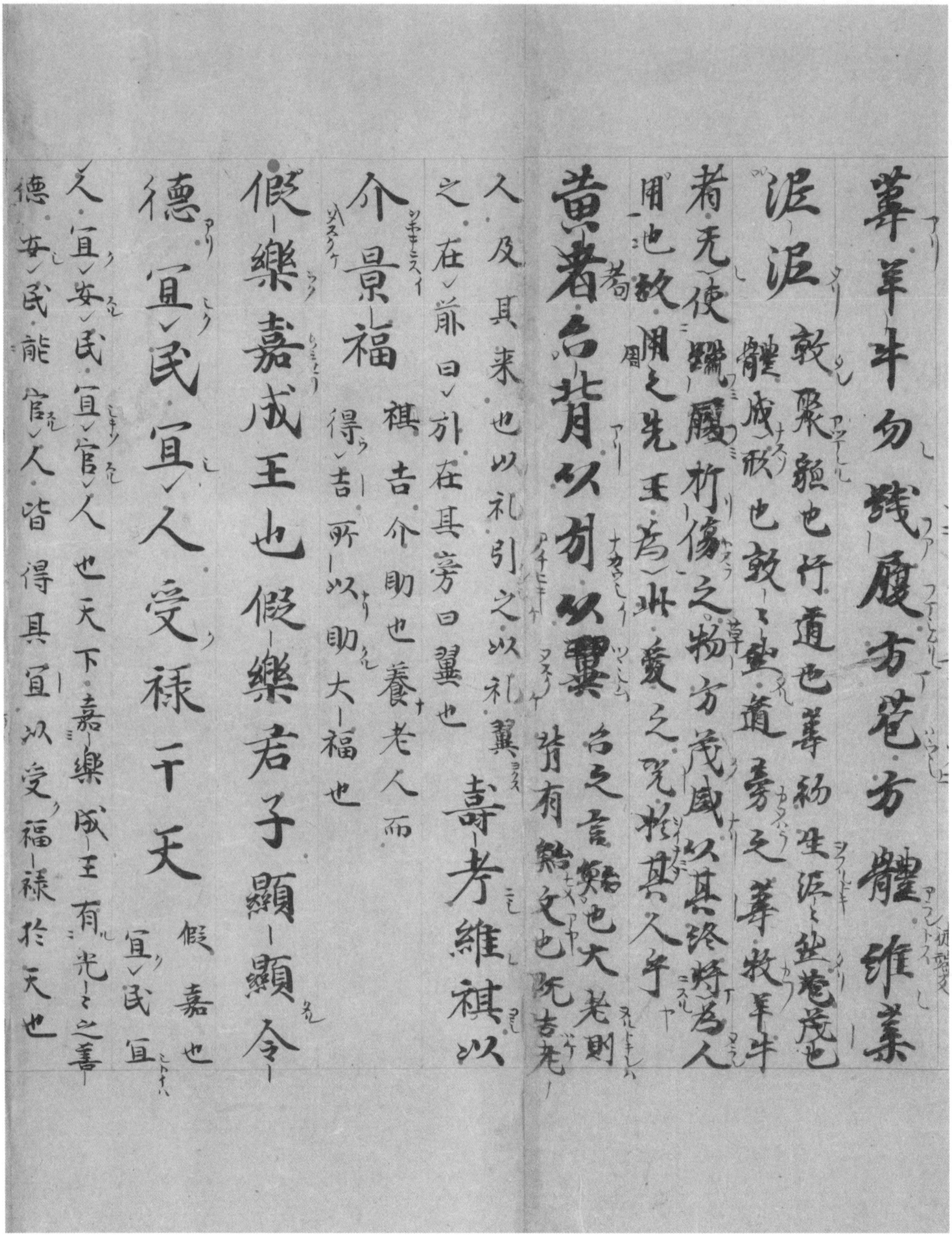
葦羊牛勿踐履方苞方體維葉
泥泥　敦聚貌也行道也葦初生泥ゝ然苞茂也
體成形也敦ゝ然道旁之葦牧羊牛
者无使躐履折傷之物方茂盛以其終將爲人
用也故用之先王爲此愛之況於其人乎
黄耇台背以引以翼　台之言鮐也大老則
背有鮐文也既告老
人及其來也以禮引之以禮翼　壽考維祺以
之在前曰引在其旁曰翼也
介景福　祺吉介助也養老人而
得吉所以助大福也
假樂嘉成王也假樂君子顯顯令
德宜民宜人受祿于天　假嘉也
宜民宜
人宜安民宜官人也天下嘉樂成王有光光之善
德安民能官人皆得其宜以受福祿於天也

【第三十紙】

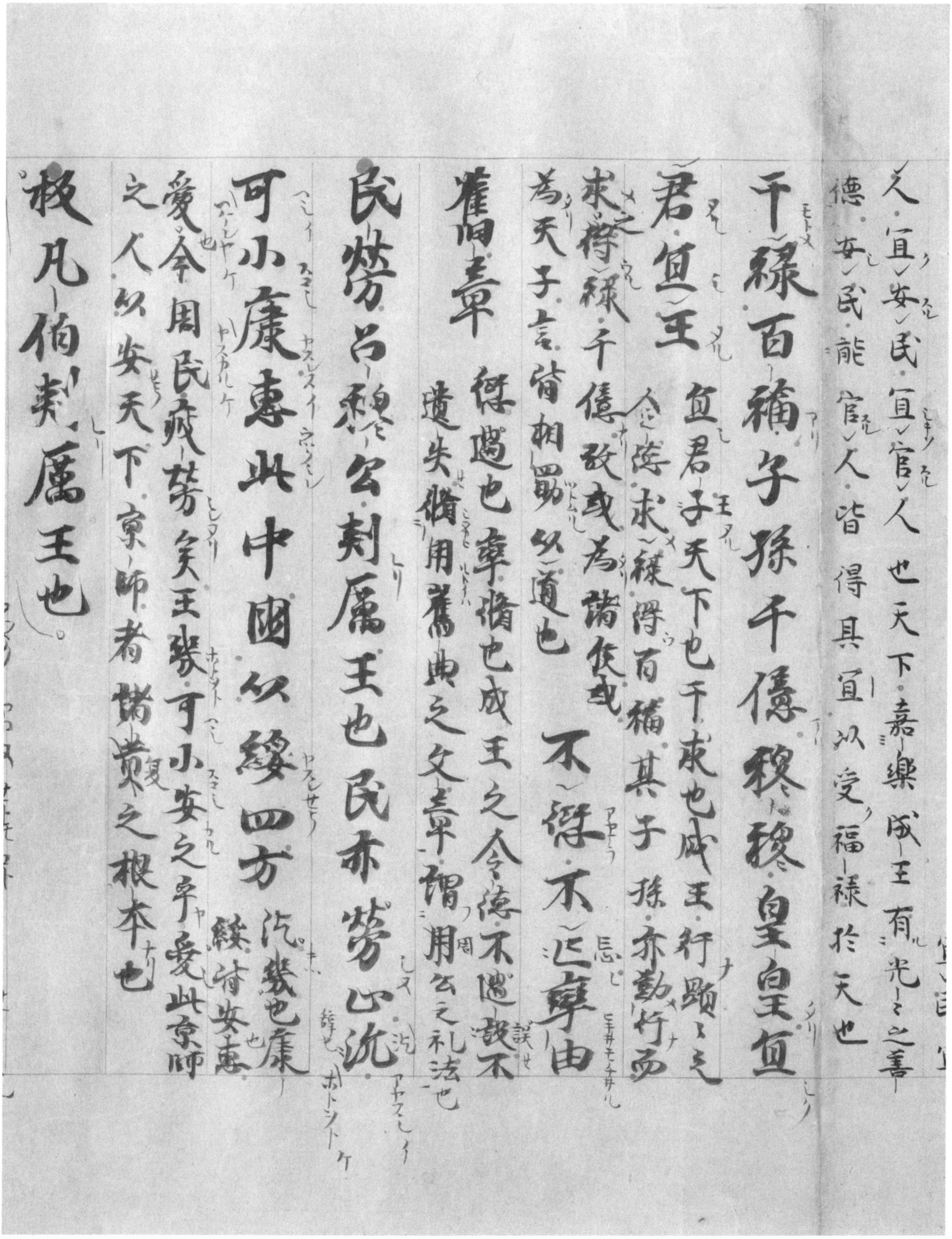
人宜安民宜官人也天下嘉樂成王有光〻之善德安民能官人皆得具宜以受福祿於天也
干祿百福子孫千億穆穆皇皇宜
君宜王 宜君子天下也干求也成王行顯〻之令德求祿得百福其子孫亦勤行而
求得祿千億故或為諸侯或為天子言皆相勗以道也 不愆不忘率由
舊章 愆過也率循也成王之令德不過誤不遺失循用舊典之文章謂周公之禮法也
民勞召穆公刺厲王也民亦勞止汔
可小康惠此中國以綏四方 汔幾也康綏皆安惠
愛也今周民疲勞矣王幾可小安之乎愛此京師之人以安天下京師者諸夏之根本也
板凡伯刺厲王也

板凡伯刺厲王也
上帝板板下民卒癉出話不然為
猶不遠 板反也上帝以稱王者癉病也話善言也猶謀也王為政反先王与天之道
天下民盡病其出善言而不行之也以此為謀不能遠圖不知禍之將至也 猶之不
遠是用大諫 王之謀不能圖遠用是故我大諫王也 介人維
藩太師維垣大邦維屛太宗維翰
介善也藩屛也垣牆垣也翰幹也太師三公也大邦成國諸侯也太宗王之同姓世嫡子也王
當用公卿諸侯及宗室之貴者為藩屛垣幹為輔弼無疏遠之也 懷德維
寧宗子維城無俾城壞無獨斯

【第三十一紙】

【第三十二紙】

宗子維城無俾城壊無獨斯
畏　懷和也斯離也和汝德無行酷暴之政以安汝國以是爲宗子之城使免於難宗子城壊
則乖離而汝獨居而畏矣宗子適子也
蕩召穆公傷周室大壊也厲王無道
天下蕩蕩無綱紀文章故作是詩也
蕩蕩上帝下民之辟　上帝以託君王也辟君也蕩蕩言法
度廢壊之貌厲王乃以此居人上爲天下之君言其無可則像之甚也　疾威上
帝其命多辟　疾病人矣威罪人矣疾病人者重賦歛也威罪者峻
刑法也其政教又多邪辟不由舊章也　天生烝民其命匪諶

刑法也其政教又多邪辟不由舊章也天生蒸民其命匪諶
靡不有初鮮克有終天之生此衆民其教道之非當以誠信
使之忠厚乎今則不然民始皆庶幾於善道後更化於惡俗也既愆爾止靡
明靡晦式號式呼俾晝作夜使晝為夜也愆過也
汝既過於沈湎矣又不為明晦有止息也醉則號呼相效用晝白作夜不視政事也文王曰
咨咨汝殷商匪上帝不時殷不用舊
此言紂之亂非其生不得其時乃不用先王之故法所致也雖無老成人
尚有典刑老成人謂若伊陟臣扈之屬也雖無此臣猶有常事故法可案用
曾是莫聽大命以傾莫无也朝廷君臣皆任喜怒曾无用典

【第三十三紙】

曾是莫聽大命以傾　莫无也朝廷君臣皆任喜樂曾无用典刑事者以至誅滅也　殷鑒不遠在夏后之世　此言殷紂之明鏡不遠也近在夏后之世謂湯誅桀也後武王誅紂今之王何以不用為戒乎也

抑衛武公刺厲王亦以自警也

無競維人四方其訓之有覺德行四國順之　无競競也訓教也覺大也覺強也人君為政无強於得賢人得賢人則天下教化於其俗有大德行則天下順從其政言在上所以倡道之　敬慎威儀維民之則　則法也　慎爾出話敬爾威儀無不柔嘉　話善言也謂教令也　自性之

敬尓威儀無不柔嘉 話善言也謂教令也自恃之
玷尚可磨也斯言之玷不可為也 玷缺也斯此也
玉之玷缺尚可磨鑢而平人君政教一失誰能反覆之也
桑柔 芮伯刺厲王也 芮伯王卿士也 憂心慇ヽ
憂心慇ヽ念我土宇我生不辰逢天
僤怒自西徂東靡所定處 宇居也僤厚也此士
卒從軍久不息勞苦自傷之言也 人亦有言進退維
谷 谷窮也前无明君却迫罪役故窮也 維此良人弗求弗
迪維彼忍心是顧是復 迪進良善也國有善人王不求索

迪維彼忍心是顧是復　迪進也良善也國有善人王不求索
而集用之有忍爲惡之者王反顧念而
重復之言其忽賢者愛小人也　大風有
遂貪人敗類聽言則對誦言如醉　類猶
等式也貪惡之人見道聽之言則應答之見誦
詩書之言則眠卧如醉君居上位而行如此人職教之也
雲漢仍叔美宣王也宣王承厲王之
烈内有撥亂之志遇災而懼側身修行
欲消去之天下喜於王化復行百姓見
憂故作是詩也　仍叔周大夫也　倬彼雲漢昭回于
天　雲漢謂天河也昭光也倬然天漢水氣也精光轉運於天時旱渴雨故宣王夜仰視天河望其

【第三十四紙】

520 天雲漢謂天河也昭光也倬然天漢水氣也精光轉運於天時渴雨故宣王夜仰視天河望其

521 候也王曰於乎何辜今之人天降喪乱饑

522 饉薦臻薦重也臻至也辜罪也王憂旱而嗟歎云何罪与今時天下之人天乃下旱災

523 臣乱之道饑饉之害復重至也靡神不舉靡愛斯牲圭

524 璧既卒寧莫我聽靡莫皆无也言王為旱之求於群神无不祭也

525 无所愛於三神牲礼神之圭璧又已盡矣尚无聽聆我之精誠而興雲雨者与

526 崧高美宣王也天下復平能

527 建國親諸侯襃賞申伯焉尹吉甫申伯皆周之卿士也

528 維嶽降神生甫及申維申及甫維周

維嶽降神生甫及申維申及甫維周
之翰翰幹也申々伯也甫々侯也皆以賢知入為周之積翰之臣也申伯之德
柔惠且直揉此萬邦聞于四國揉順也四
國猶言四方也
烝民尹吉甫美宣王也任賢使能周
室中興焉天生烝民好是懿德天之生衆
民莫好有美德之人也天監有周昭假于下保茲天
子生仲山甫監視也假至也天視周王之政教其光明乃至於下謂及於衆民
天安愛此天子宣王故生仲山甫使佐也仲山甫之德柔嘉維

【第三十五紙】

天安愛此天子宣王故生仲山甫使佐也仲山甫之德柔嘉維則令儀令色小心翼翼嘉美也令善也善威儀善顔色容貌翼翼恭敬也肅肅王命仲山甫將之邦國若否仲山甫助之將行也若順否猶臧否謂善惡也既明且哲以保其身夙夜匪解以事一人夙早也匪非也一人行天子也人亦有言柔則茹之剛則吐之維仲山甫柔亦不茹剛亦不吐不侮鰥寡不畏彊禦人亦有言德輶如毛民鮮克舉之我儀圖之輶輕也儀匹也人之言云德甚輕然而衆人寡能

克舉之我儀圖之 輶輕也儀疋也人之言云德甚輕然而衆人寡能獨舉之以行者言政事易耳人不能行者无其志也我与倫疋圖之而未能爲也 維仲山甫舉之 仲山甫能獨舉是德而行之 袞職有闕維仲山甫補之 王之職有闕輙能補之者仲山甫也

瞻仰凡伯刺幽王大壞也

瞻仰昊天降此大厲 昊天斥王者也厲惡也 邦靡有定士民其瘵 瘵病也 人有土田汝反有之人有民人汝覆奪之 此言王削黜諸侯及卿大夫无罪者也覆猶反也 此宜無罪汝反收也彼宜有罪汝覆說

此宜無罪汝反收也彼宜有罪汝覆說
之 收拘收也說赦也 喆夫成城喆婦傾城 喆謂多謀慮也城猶國也
懿厥喆婦為梟為鴟 懿有所痛傷之聲也梟鴟惡聲之鳥也喻褒
姒之言无善也 婦有長舌維厲之階亂匪降自
天生自婦人匪教匪誨時維婦寺 寺近也長
舌喻多言語也今王之有此亂政非從天而下但從婦人出耳又非有教王為惡語王之為亂者是維近
愛婦人用其言是故致亂也 如賈三倍君子是識婦無與
公事休其蠶織 婦人無外政雖王后猶以蠶織為事識知也賈而有三倍
之利者小人所宜知也君子反知也之非其宜也今婦人休其蠶桑織紝之事而与朝廷之事為非宜亦猶是也

【第三十六紙】

之利者小人所宜知也而君子反知也之非其宜也今婦人
休其蠶桑織紝之事而与朝庭之事為非宜亦猶是也
不弔不祥威儀不類人之云亡邦國殄
瘁　弔也至也王之為政德不至於天矣不能致徵祥
於神矣威儀又不善於朝庭矣賢人皆言奔
亡則天下邦國
將盡困病也
清廟祀文王也周公既成洛邑朝諸侯
率以祀文王焉
清廟者祭有清明之德者之宮也謂祭
文王也天德清明文王象焉故祭
之而歌此詩也
於穆清廟肅雍顯相　於歎辭穆美也　肅敬也雍和也
相助也顯光也於美哉周公之祭清廟其礼敬且和又諸
侯有光明著見之德者來助祭也
濟濟多士秉文之德對越在天　對配也越於也濟濟之

濟ゝ多士秉文之德對越在天 [對配也越於也濟ゝ之衆士皆執行文王之德文王精神已在天矣猶配順其素行如生存焉]

振鷺二王之後來助也 [二王夏殷也其後杞宋也] 振鷺于飛于彼西雝我客戾止亦有斯容 [興也振ゝ群飛之皃鷺ゝ白鳥也雝ゝ澤也客ゝ二王之後也白鳥集於西雝之澤言所集得其處也興者喻杞宋之君有潔白之德來助祭於周之廟得禮之宜也其至止亦有此容言威儀之善如鷺鳥然也]

雝禘大祖也 [禘大祭也大祖謂文王]

有來雝ゝ至止肅ゝ相維辟公天子穆ゝ [相助也雝ゝ和也肅ゝ敬也有是來時雝ゝ然既至而肅ゝ然者乃助王禘祭百辟與諸侯也]

【第三十七紙】

〻相助也雍〻和也肅〻敬也有是來時雍〻然既至而肅〻然者乃助王禘祭百辟与諸侯也

天子是時穆〻然言得天下之歡心也有客微子来見於祖

廟也微子代殷後既受命來朝見之也有客有客亦白其

馬殷尚白也

敬之群臣進戒嗣王也敬之敬之天

敬之敬之天維顯思命不易哉無曰

高〻在上陟降厥士日監在茲顯光也監視也

群臣見王謀即政之事故因時戒之曰敬之哉敬之哉天乃光明去惡与善其命吉凶不可變易也无謂天高

又高在上遠人不畏也天上下其事謂轉運日月施其所行日月視瞻近在此也

又高在遠人不畏也天上下其事謂轉運日月施其所行日月視瞻近在此也

魯頌

閟宮頌僖公之能復周公之宇也宇居

王曰叔父建爾元子俾侯于魯大啓

爾宇為周室輔王成王也元首宇居成王告周公叔父我立汝首子使為君於魯謂封伯禽也以為周公後也大海汝居以為周家輔謂封以方七百里也

乃命魯公俾侯于東錫之山川土田

附庸既告周公乃策命伯禽使為君於東加錫之以山川土田及附庸令專統之也

商頌

商頌

長發大禘也　大禘郊祭天也

湯降不遲聖敬日躋昭假遲遲上帝

是祗帝命式于九圍　不遲言疾也躋升也九圍九州也降下也

假暇也祗敬也式用也湯之下士尊賢甚疾其聖敬之德日進然而能以其聰明寛暇天下之人遲遲然

盛言其急於已而緩於人也故用是愛敬之也天於是又命之使用於天下言王之事

不競不絿不剛不柔敷政優優百祿是

遒　絿急也優優和也遒聚也

殷武祀高宗也

【第三十八紙】

600 殷武祀高宗也
601 天命降監下民有嚴不僭不濫不敢
602 怠遑命于下國封建厥福 不僭不濫賞不僭刑
603 不濫也封大也皇暇也天命乃下視下民有嚴顯
604 之君能明慎賞不敢怠惰自暇於政事者則
605 命之於小國以為天子大立其福謂 商邑翼
606 命湯使與七十里王天下也
607 翼四方之極 商邑京師也極中也商邑之礼俗翼翼然可則乃四方之中正也
608 群書政要卷第三

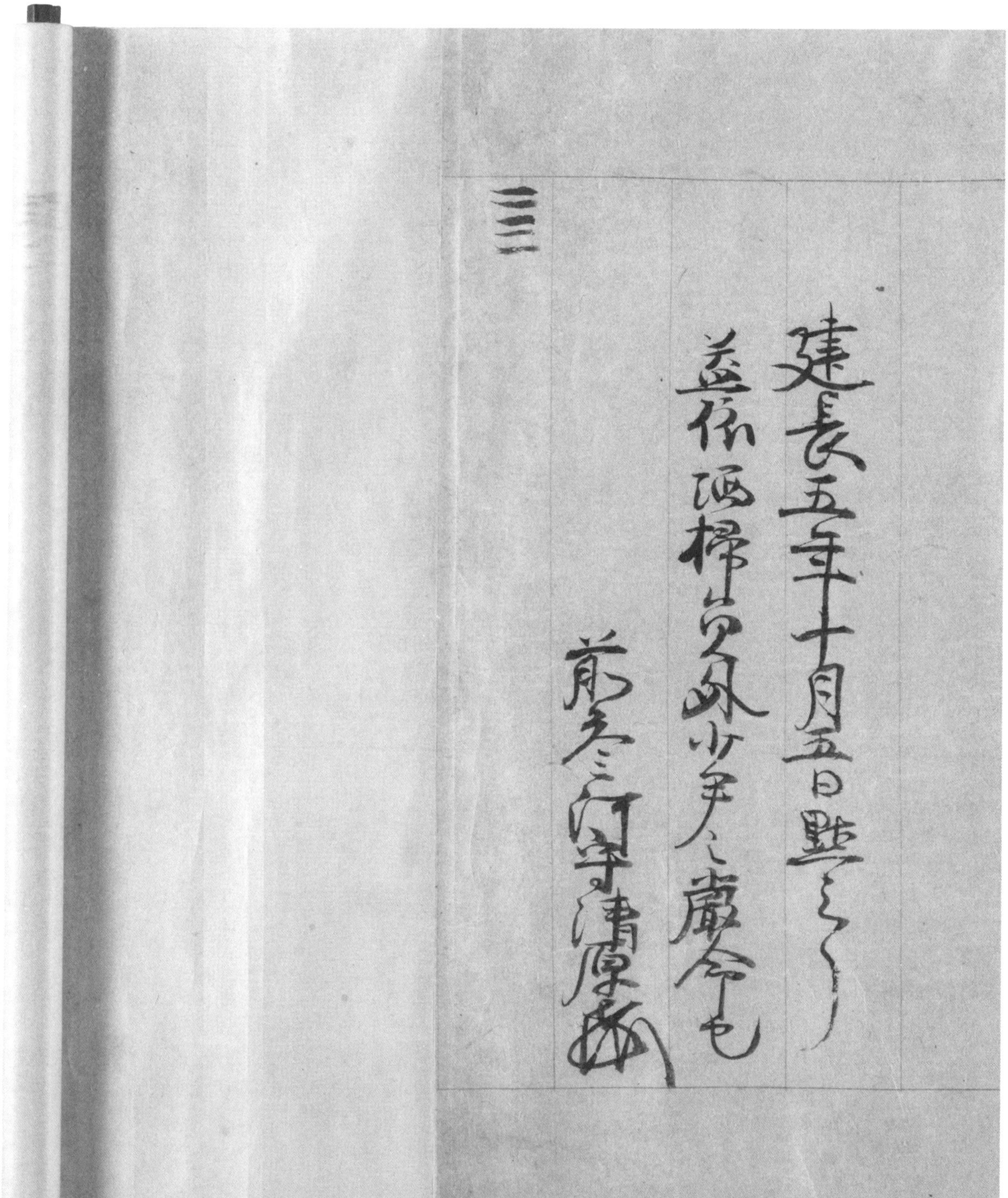
建長五年十月五日點了
蓋依洒掃當州少尹之嚴命也
前參河守清原

三

卷第五

群書治要巻第五　秘書監鉅鹿男臣魏徵等奉　勅撰

春秋左氏傳中

宣公

二年鄭公子歸生伐宋〻華元禦之將戰華元殺羊食士其御羊斟不與及戰曰疇昔之羊子為政（疇昔猶前日也）今日之事我為政與入鄭師故敗

晉靈公不君（失君道）厚斂以雕牆（雕畫也）從臺上彈人觀其避丸也宰夫胹熊蹯不熟

臺上彈人觀其避丸也宰夫胹熊蹯不熟
殺之寘諸畚使婦人載以過朝畚筥屬趙盾士
季患之將諫士季曰諫而不入則莫之繼也會
請先入不入則子繼之三進及溜而後視之士季隨會
隨會也三進三伏公不省而又前也欲諫故佯不視曰吾知所過矣將改之稽首
而對曰人誰不過過而能改善莫大焉詩曰靡
不有初鮮克有終夫如是則能補過者鮮矣
君能有終則社稷之固也豈唯群臣頼之猶
不改宣子驟諫公患之使鉏麑賊之鉏麑力士

【第二紙】

提

不改宣子驟諫公患之使鉏麑賊之　鉏麑力士　晨

往寢門闢矣盛服將朝尚早坐而假寐　不解衣

衣冠而睡　麑退歎而言曰不忘恭敬民之主也賊民之

主不忠弃君之命不信有一於此不如死觸槐

而死　槐趙盾庭樹　晉侯飲趙盾酒伏甲將攻之

其右提弥明知之　右車右　趨登曰臣侍宴過三

爵非礼遂扶以下公嗾夫獒焉明搏而殺之

獒猛犬　盾曰弃人用犬雖猛何為　責公不養士而更以犬為己用也

鬭且出趙穿攻靈公於桃園　穿趙盾之從父昆弟之子　宣子

闘且出趙穿攻靈公於桃園穿趙盾之從父昆弟之子宣子
未出山而復晉境之山也盾出奔聞公弒而還大史書曰趙盾弒
其君以示於朝宣子曰不然對曰子為正卿亡
不越境反不討賊非子而誰孔子曰董狐古
之良史也書法不隱不隱盾之罪趙宣子古之良大
夫也為法受惡善其為法屈也三年楚子伐陸渾之
戎遂至于雒觀兵于周疆定王使王孫滿勞
楚子王孫滿周大夫楚子問鼎之大小輕重焉示欲逼周取天下也
對曰在德不在鼎昔夏之方有德也禹之世也遠方

【第三紙】

對曰在德不在鼎昔夏之方有德也（禹之世也）遠方
圖物（圖畫山川奇異之物而獻之）貢金九牧（使九州之牧貢金）鑄鼎象
物（象所圖物）使民知神姦（圖鬼神百物之形使民逆備之）故民入川澤
山林魑魅罔兩（魑山神獸形　罔兩水神也）莫能逢之（逢遇）用
能協于上下以承天休（民無災害則上下和而受天祐）桀有昏德
鼎遷于商〻紂暴虐鼎遷于周德之休明雖
小重（不可遷）其姦回昏亂雖大輕也（言可移）天祚明
德有所底止（底致）周德雖衰天命未改鼎之
輕重未可問也

【第三紙】

輕重未可間也
四年楚子滅若敖氏其孫箴尹克黄（箴尹官名）
克黄子文孫也 使于齊還及宋聞亂其人曰不可以入
矣箴尹曰棄君命獨誰受之君天也天可逃
乎遂歸復命自拘於司敗王思子文之治楚
國也曰子文無後何以勸善使復其所
十一年楚子伐陳（十年夏徵舒弑君也）謂陳人無動將
討於少西氏矣（少西徵舒之祖子夏之名）遂入陳殺夏徵舒
因縣陳（滅陳以為楚縣）申叔時使於齊反復命而

因縣陳滅陳以為楚縣申叔時使於齊反復命而退王使讓之曰夏徵舒為不道殺其君寡人以諸侯討而戮之諸侯縣公皆慶寡人楚縣大夫皆僭稱公汝獨不慶寡人何故對曰夏徵舒弒其君其罪大矣討而戮之君之義也抑人亦有言曰牽牛以蹊人之田抑辭也蹊徑也而奪之牛牽牛以蹊者信有罪矣而奪之牛罰已重矣諸侯之從也曰討有罪也今縣陳貪其富也以討召諸侯而以貪歸之無乃不可乎王曰善哉吾未之聞

【第四紙】

而以贊歸之無乃不可乎王曰善哉吾未之聞也反之可乎對曰可哉吾儕小人所謂取諸其懷而與之也（叔時謙言小人意淺謂譬如取人物於其懷而還之爲愈於不還也）乃復封陳

十二年晉師救鄭及河聞鄭既及楚平桓子欲還（桓子林父）隨武子曰善（武子士會）會聞用師觀釁而動（釁罪也）德刑政事典禮不易不可敵也楚君討鄭怒其貳而哀其卑叛而伐之服而舍之德刑成矣伐叛刑也柔服德也二者立矣昔歲入陳（討舒）今茲入鄭民不罷勞君無怨讟也

歲入陳（討舒）今茲入鄭民不罷勞君無怨讟也（謗）
政有經矣（經常也）商農工賈不敗其業而卒乘
輯睦（步有卒車曰乘）事不奸矣（奸犯也）蔿敖為宰擇楚
國之令典（宰令尹也蔿敖孫叔敖也）百官象物而動軍政不戒
而備（物猶類也戒勅令也）能用典矣其君之舉也內姓選
於親外姓選於舊（言親疏並用也）舉不失德賞不失勞
君子小人物有服章（尊卑別也）貴有常尊賤
有等威（威儀有等差也）禮不逆矣德立刑行政成事時
典從禮順若之何敵之見可而進知難而退軍

【第五紙】

典從禮順若之何敵之見可而進知難而退軍

之善政也兼弱攻昧武之善經也 昧昏亂也經法 子姑整軍

而經武乎 姑且 猶有弱而昧者何必楚彘子曰不可

彘子 彘子先縠 成師以出聞敵彊而退非夫也 非丈夫 師遂濟

楚子北師次於管 熒陽有管城 鄭皇戌使如晉師

曰楚師驟勝而驕其師老矣子擊之楚師必敗

欒武子曰 武子欒書 楚自克庸以來 在文十六年 其君無

日不討而訓之 討治 于民生之不易禍至之無日

戒懼之不可怠也 于曰 在軍無日不討軍實而申

【第五紙】

戒懼之不可怠也　在軍無日不討軍實而申
儆之軍實軍器于勝之不可保紂之百克而卒無後箴
之曰民生在勤勤則不遺不可謂驕箴誡也先大夫
子犯有言曰師直為壯曲為老我不德而徼怨
于楚我曲楚直不可謂老不德以力爭謂侯也徼要也鄭不可
後楚人遂疾進師乘晉軍桓子不知所為鼓
於軍中曰先濟者有賞中軍下軍爭舟舟中
之指可掬兩手曰掬潘黨曰君盍築武軍築軍營以歡武功也而牧
晉尸以為京觀積尸封土其上謂之京觀臣聞克敵必示子孫

晉尸以爲京觀（積尸封土其上謂之京觀）臣聞克敵必示子孫以無忘武功楚子曰非尒所知也夫文止戈爲武（文止戈爲武字）也武王克商作頌曰載戢干戈載櫜弓矢（戢藏也櫜韜也詩美武王能誅滅暴亂而息兵也）夫武禁暴戢兵保大定功安民和衆豐財者也（此武有七德也）故使子孫無忘其章（着之篇章使子孫不忘也）今我使二國暴骨暴矣觀兵以威諸侯兵不戢矣暴而不戢安能保大猶有晉在焉得定功所違民欲猶多民何安焉無德而强爭諸侯何以和衆利人之幾也而安人

【第六紙】

德而強爭諸侯以何和衆利人之幾也而安人
之亂以為己榮何以豐財 兵動則年荒 武有七德我
無一焉何以示子孫其為先君宮以告成事
而已 祀先君告戰勝 武非吾功也古者明王伐不敬
取其鯨鯢而封之為以大戮於是乎有京
觀以懲淫慝 鯨鯢大魚名也以喻不義之人吞食小国也 今罪無所 晉罪無所犯
而民皆盡忠以死君命又可以為京觀乎晉
師歸桓子請死晉侯欲許之士貞子諫曰不
可 貞子士渥濁也 城濮之役晉師三日穀 在僖廿八年 文公猶

可貞子士渥濁也城濮之役師三日穀在僖廿八年文公猶
有憂色左右曰有喜而憂如有憂而喜乎言憂
喜失時也公曰得臣獨在憂未歇也歇盡也困獸猶
鬬況國相乎及楚殺子玉子玉得臣也公喜而後可
知也喜見於顔色也曰是晉再克而楚再敗楚以是再
世不競成王至穆王也今天或者大警晉也而又殺林父
以重楚勝其無乃久不競乎林父之事君也進
思盡忠退思補過社稷之衛也若之何殺之夫其
敗也如日月之食何損於明晉侯使復其位言晉侯賞

敗也如日月之食何損於明晉侯使復其位（言晉侯賞所以不失霸也）楚子伐蕭申公巫臣曰師人多寒王巡三軍拊而勉之（拊撫慰勉之者）三軍之士皆如挾纊（纊綿也言悦以忘寒也）

十五年楚子伐宋宋人告急于晉晉侯欲救之伯宗曰不可（伯宗晉大夫）古人有言曰雖鞭之長不及馬腹（言非所擊）天方授楚未可與爭雖晉之強能違天乎諺曰高下在心（度時制宜也）川澤納汙（受汙濁也）山藪藏疾（山之有林藪毒害者所居）瑾瑜匿瑕（匿亦藏也雖美玉之質亦或居藏瑕穢）

【第七紙】

藪藏疾（山之有林藪毒害者所居）瑾瑜匿瑕（匿亦藏也雖美玉之質亦或居藏瑕穢）天之道也（晉侯恥不救宋故伯宗為說小惡不損大德之喻也）君其待之（待楚衰也）乃止使解揚如宋使無降楚曰晉師悉起將至鄭人囚而獻諸楚楚子厚賂之使反其言不許三乃許之登諸樓車使呼宋人而告之（樓車上望櫓）遂致其君命楚子將殺之使與之言曰尔既許不穀而反之何故非我無信汝則棄之速即尔刑對曰臣聞之君能制命為義臣能承命為信義無二信（欲為義者不行兩信）信無二命（欲行信者不受二命）

為信義無二信欲為義者不行兩信信無二命欲行信者不受二命
君之賂臣不知命也受命以出有死無霣霣廢隊
又可賂乎臣之許君以成命也成君命死之成命
臣之祿也寡君有信臣不廢命也下臣獲考也成死
又何求楚子舍之以歸潞子嬰兒之夫人晉景
公之姊也酆舒為政而殺之又傷潞子之目酆舒潞相
晉侯將伐之諸大夫皆曰不可酆舒有三儁才
儁絶異也不如待後之人伯宗曰必伐之狄有五罪儁
才雖多何補焉不祀一也耆酒二也弃仲章

【第八紙】

未雖多何補焉不祀一也耆酒二也弃仲章而奪黎氏之地三也（中章潞賢人黎氏黎侯國）虐我伯姬四也傷其君目五也怙其儁才而不以茂德滋益罪也後之人或者將敬奉德義以事神人而申固其命（審政令也）若之何待之不討有罪曰將待後後有辭而討焉無乃不可乎夫恃才與衆亡之道也商紂由之故滅天反時為災（寒暑易節）地反物為妖（羣物失性）民反德為亂亂則妖災生盡在狄矣晉侯從之夏晉荀林父敗赤狄于曲梁滅潞晉侯賞桓

夏晉荀林父敗赤狄于曲梁滅潞晉侯賞桓子狄臣千室（千家）也亦賞士伯以瓜衍之縣（士伯士貞子）曰吾獲狄土子之功也微子吾喪伯氏矣（伯桓子也）羊舌職悅是賞也（職叔向父）曰周書所謂庸〻祗〻者謂此物也夫（庸用也祗敬也言文王能用可用敬可敬也）士伯庸中行伯（言中行伯可用）君信之亦庸士伯此之謂明德矣文王所以造周不是過也率是道也其何不濟

十六年晉侯命士會將中軍且為太傅於是晉國之盜逃奔于秦羊舌職曰吾聞之禹稱

【第九紙】

桓氏者則孫良夫也
曲縣者諸侯之樂也

晉國之盜逃奔于秦羊舌職曰吾聞之禹稱
善人稱舉也不善人遠此之謂也善人在上則國
無幸民諺曰民幸國之不幸是無善人之謂也
成公
二年衛使孫良夫侵齊與齊師遇師敗仲叔
于奚救孫桓子桓子是以免既衛人賞之以邑賞于奚也
辭請曲縣軒縣也繁纓以朝許之繁纓馬飾皆諸侯之服也
仲尼聞之曰惜也不如多與之邑唯器與名不可
以假人器車服也名爵號也君之所司政之大節也若以假

以假人〔器車服也名爵號也〕君之所司政之大節也若以假
人與人政也政亡則國家從之不可止也宋文公卒始
厚葬用蜃炭益車馬始用殉〔燒蛤為炭以瘞壙多埋車馬用人從葬也〕
重器備〔重猶多也〕君子謂華元樂舉於是乎不臣臣
治煩去惑者也是以伏死而爭今二子者君生則
縱其惑〔謂文十八年殺母弟須〕死則益其侈是弃君於惡
也何臣之為〔若言何用臣為〕楚之討陳夏氏也〔在宣十年〕莊王欲
納夏姬申公巫臣諫曰不可君召諸侯以討罪也今
納夏姬貪其色也貪色為淫淫為大罰若興諸侯

燮

納夏姬貪其色也貪色為淫〻為大罰若興諸侯

以取大罰非慎之也君其圖之王乃止

六年晉欒書救鄭與楚師遇於繞角（繞角鄭地）楚師

還晉師遂侵蔡楚公子申公子成以申息之師救蔡趙同趙

括欲戰請於武〻子〻將許之知莊子（首）范文子

（士燮）韓獻子（韓厥）諫曰不可吾來救鄭楚師去我吾

遂至於此〻（地）〻蔡是遷也戮而不已又怒楚師戰必

不克（遷戮不義怒敵難當故不克也）雖克不令成師以出而敗楚二

縣何榮之有焉（六軍悉出故曰成師以大勝小不足為榮也）若不能敗為

【第十紙】

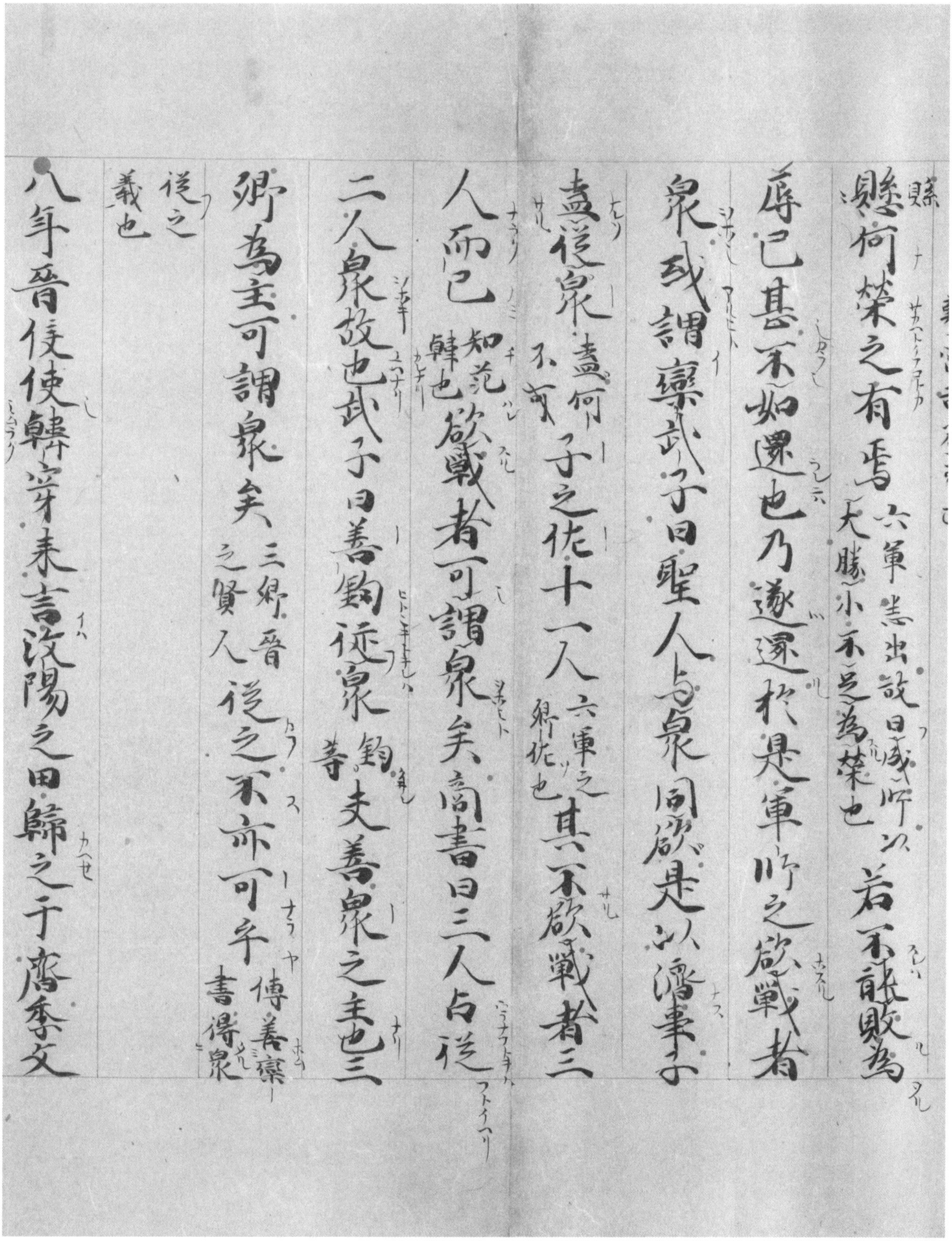

縣何榮之有焉六軍悉出設曰盛所以大勝小不足為榮也若不能敗為
辱已甚不如還也乃遂還於是軍帥之欲戰者
衆或謂欒武子曰聖人與衆同欲是以濟事子
盍從衆盍何不子子之佐十一人六軍之卿佐也其不欲戰者三
人而已知范韓也欲戰者可謂衆矣商書曰三人占從
二人衆故也武子曰善鈞從衆鈞等夫善衆之主也三
卿為主可謂衆矣三卿晉之賢人從之不亦可乎傳善欒書得衆
從之義也

八年晉侯使韓穿來言汶陽之田歸之于齊季文

八年晉侯使韓穿來言汶陽之田歸之于齊季文
子餞之餞送行飲酒也私焉私與之言曰大國制義以為盟
主是以諸侯懷德畏討無有貳心謂汶陽之田敝
邑之舊也而用師於齊使歸諸敝邑用師鞌之戰也今有
二命曰歸諸齊信以行義義以成命小國所望
而懷也信不可知義無所立四方諸侯其誰不
解體言不復肅敬於晉也詩曰女也不爽士貳其行士也罔
極二三其德爽差也極中也婦人怨丈夫不一其行也喻魯事晉猶女之不敢過差而晉有罔極
之心反二三其德也

【第十一紙】

謂魯事晉猶女之有[illegible]

〔之心及二三其意也〕七年之中一與一奪二三孰甚焉士二三猶喪配耦而況霸主乎霸主將意是以也而二三之其何以長有諸侯乎晉討趙同括武從姬氏畜于公宮〔趙武莊姬之子莊姬晉成公女也畜養也〕以其田與祁奚韓厥言於晉侯曰成季之勳宣之忠〔成季趙衰宣孟趙盾〕而無後為善者其懼矣三代之令王皆數百年保天祿夫豈無辟王賴前哲以免也〔言三代亦有邪辟之君但頼其先人以免禍耳〕周書曰不敢侮鰥寡所以明德也〔言文王不侮鰥寡而意益明欲晉侯之法文王〕乃立武

曰不敢侮鰥寡所以明德也（言文王不侮鰥寡而德益明啟晉侯之法文王）乃立武
而反其田焉
十六年楚子救鄭司馬將中軍也（子反）過申子反
入見申叔時（叔時老在申也）曰師其何如對曰德刑詳義
［詳則祥也古字同耳］禮信戰之器也（然猶用也）德以施惠刑以正邪詳以事神
義以建利禮以順時信以守物上下和睦周旋不逆
（動順運也）是以神降之福時無災害民生敦庬和同
以聽（敦庬厚大）莫不盡力以從上命此戰之所由克
也今楚內弃其民（不施惠也）而外絕其好（義不建利）瀆齊

也今楚内弃其臣〔民〕（不施惠也）而外絶其好（義不遠利）瀆齊
盟（不詳事神）而食話言（信不守物）干時以動（不順時妨農業）而疲民
以逞（刑不正耶〔邪〕而苟快意）民不知信進退罪也子其勉之吾
不見子矣（言其必敗不久也）晉楚遇於鄢范文子不欲
戰郤至曰韓之戰惠公不振旅（衆散敗也在僖十五年）邲之師
荀伯不復從（荀林父奔走不復故道也在宣十二年）皆晉之恥也
子亦見先君之事矣（見先君成敗之事）今我避楚又益
恥也文子曰吾先〔君〕之亟戰也有故（亟數也）秦狄齊楚
皆彊不盡力子孫將弱今三彊服矣（齊秦狄也）敵楚

【第十二紙】

皆彊不盡力子孫將弱今三彊服矣齊秦狄也敵楚而已唯聖人能外內無患自非聖人外寧必有內憂驕亢則憂患生盍釋楚以為外懼乎

襄公

三年祁奚請老老致仕晉侯問嗣焉嗣續其職也稱解狐其讎也將立之而卒解狐卒也又問焉對曰午也可午祁奚子於是羊舌職死矣晉侯曰孰可以代之對曰赤也可赤職之子伯華於是使祁午為中軍尉羊舌赤佐之各代其父君子謂祁奚於是能舉善矣

舌赤佐之 各代其父 君子謂祁奚於是能舉善矣
稱其讎不為諂立其子不為比舉其偏不為
黨也 偏屬 能舉善也夫唯善故能舉其類也
晉侯之弟揚干亂行於曲梁 行陳次也 魏絳戮其僕
御晉侯怒謂羊舌赤曰合諸侯以為榮也揚干為
戮何辱如之必殺魏絳無失之也對曰絳無貳志
事君不避難有罪不逃刑其將來辭何辱焉 命
言終絳至授僕人書 僕人晉侯御僕 將伏劍士魴張老
止之公讀其書曰君乏使使臣斯司馬 斯此 臣聞師

上之公讀其書曰君之使〻臣斯司馬也斯此臣聞師
衆以順為武（順莫敢違）軍事有死無犯為敬（守官行法雖死
不敢有違）君合諸侯臣敢不敬乎君師不武執事不敬罪
莫大焉臣懼其死以及楊干無所逃罪（懼自犯不武不敬之
死）不能致訓至於用鉞（用鉞斬楊干之僕也）臣之罪重敢有不從
以怒君心（言不敢不從戮）請歸死於司寇公跣而出曰寡人之
言親愛也吾子之討軍礼也寡人有弟弗能教訓
使干大命寡人之過也子無重寡人之過（聽往死為重過）敢
以為請〻使（無死）反役使佐新軍四年無終子嘉父使孟

以為請〻使復使佐新軍　四年無終子嘉父使孟
樂如晉（無終山戎國名也）因魏莊子納虎豹之皮以請和諸戎
（欲戎与晉和　莊子魏絳）
晉侯曰戎狄無親而貪不如伐之絳曰諸侯新服陳新
来和將觀於我〻德則睦否則攜貳勞師於戎而
楚伐陳必不能救是弃陳也諸華必叛（諸華中國）戎
禽獸也獲戎失華無乃不可乎昔周辛甲之為
大史也命百官〻箴王闕（辛甲周武王大史也闕過也　使百官各為箴辭戒王過也）
於虞人之箴曰（虞人掌田獵者）芒〻禹迹畫為九州（芒〻遠貌）

於虞人之箴〔虞人掌田獵者〕曰芒芒禹迹畫為九州〔芒芒遠貌畫分也〕經啓九道〔啓開也九州之道〕民有寢廟獸有茂草各有攸處德用不擾〔人神各有所歸故德不亂也〕在帝夷羿冒于原獸〔冒貪也〕忘其國恤而思其麀牡〔言但念獵〕武不可重〔猶數也〕用不恢于夏家〔羿以好武雖有夏家而不能恢大之也〕獸臣司原敢告僕夫〔獸臣虞人也告僕夫不敢斥尊也〕虞箴如是可不懲乎於是晉侯好田故魏絳及之〔及后羿事也〕公曰然則莫如和戎乎對曰和戎有五利焉戎狄荐居貴貨易土〔荐聚也易猶輕也〕土可賈焉一也邊鄙不聳民狎其野穡人成功二

【第十四紙】

土可賈焉一也邊鄙不聳民狎其野穡人成功二

也 聳懼也 狎習也 戎狄事晉四隣振動諸侯懷威三也以德

綏戎師徒不勤甲兵不頓四也 頓壞也 鑒于后羿而

用德度 以后羿為鑒戒 遠至迩安五也君其圖之公悅使

魏絳盟諸戎脩民事田以時 言晉侯能用善謀也

九年秦景公使乞師于楚將以伐晉楚子許之

子囊曰不可當今吾不能與晉爭也晉君類能而

使之 隨所能也 與不失選也 得所選也 官不易方 猶貿也 其卿讓

於善 讓勝己也 其大夫不失守 各任其職也 其士競於教 奉上令也

於善讓勝其大夫不失守各任其職也其士競於教奉上令也
其庶人力於農穡種曰農斂曰穡商工皂隸不知遷業四民不雜也
君明臣忠上讓下競尊官相讓勞職力競當是時也晉不
可敵事之而後可君其圖之冬諸侯伐鄭從楚也
鄭人行成與晉成也十一年諸侯復伐鄭鄭人賂
晉侯以師觸師悝師蠲觸悝蠲皆樂師名歌鐘二肆肆列也懸鐘十
六為一肆女樂二八十六人也晉侯以樂之半賜魏絳曰子
教寡人和諸戎狄以正諸華在四八年之中九合
諸侯如樂之和無所不諧諧和也請與子樂之共此樂也

【第十五紙】

諸侯如樂之和無所不諧〻(和也)請與子樂之(共此樂也)

辭曰夫和戎狄國之福也八年之中九合諸〻侯〻無慝

君之靈也二三子之勞也臣何力之有焉抑

臣願君安其樂而思其終也公曰子之教敢

不承命抑微子寡人無以待戎(待遇接納之也)不能濟

河(度河南服鄭也)賞國之典也不可廢也子其受之魏絳

於是乎始有金石之樂礼也(礼大夫有功則賜樂)

十三年晉侯蒐于綿上以治兵(為將命軍帥也)使士

丐將中軍辭曰伯游長(伯游荀偃)昔臣習於知伯是以

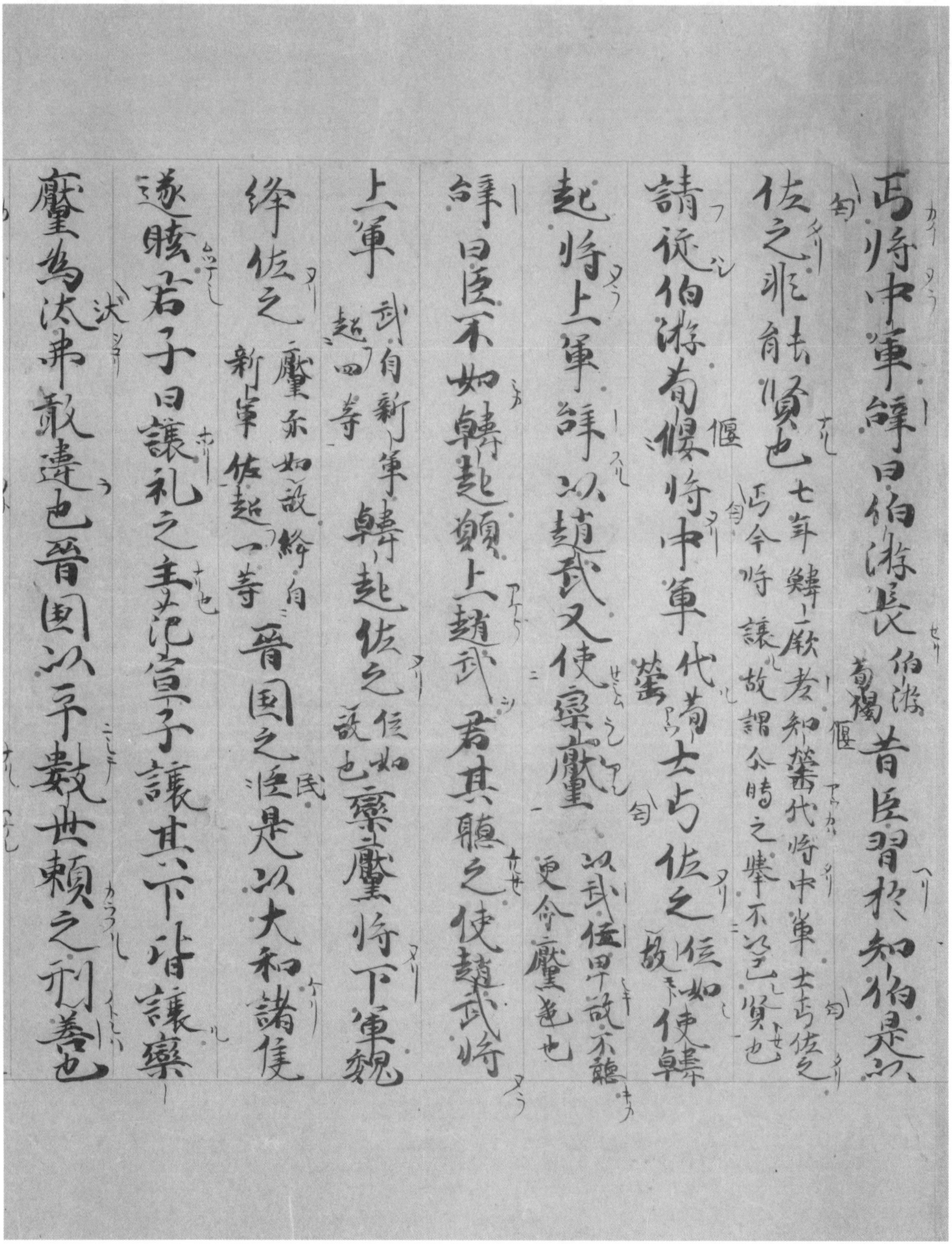
匄將中軍辭曰伯游長(伯游荀偃)昔臣習於知伯是以
佐之非能賢也(七年韓厥老知罃代將中軍士匄佐之匄今將讓故謂尒時之舉不以賢也)
請從伯游荀偃將中軍(代荀罃)士匄佐之(匄位如故)使韓
起將上軍辭以趙武又使欒黶(以武位卑故不聽更命黶也)
辭曰臣不如韓起韓起願上趙武君其聽之使趙武將
上軍(武自新軍超四等)韓起佐之(位如故也)欒黶將下軍魏
絳佐之(黶亦如故絳自新軍佐超一等)晉國之民是以大和諸侯
遂睦君子曰讓禮之主也范宣子讓其下皆讓欒
黶為汰弗敢違也晉國以平數世賴之刑善也

釁為汏弗敢違也晉國以平數世賴之刑善也
夫刑法也一人刑善百姓休和可不務乎世之
治也君子尚能而讓其下能者在下位則小人貴尚而讓之
農力以事其上是以上下有禮而讒慝黜遠
由不爭也謂之懿德及其亂也君子稱其功以加
小人加陵也君子在位者也小人伐其技以馮君子馮亦陵也
自稱其能是以上下無禮亂虐並生由爭善也
善也謂之昏德國家之敝恒必由之傳言晉之所以興也
十四年衛獻公戒孫文子甯惠子食勸戒二子

【第十六紙】

十四年衛獻公戒孫文子甯惠子食（勑戒二子欲共宴食）日旰不召（旰晏也）而射鴻於囿二子怒公使子蟜子伯子皮與孫子盟孫子皆殺之（三子衛羣公子也）公出奔齊師曠侍於晉侯（師曠子野晉侯）曰衛人出其君不亦甚乎對曰或者其君實甚也良君養民如子蓋之如天容之如地民奉其君愛之如父母仰之如日月敬之如神明畏之如雷霆其可出乎夫君神之主而民之望也若困民之主匱神之祀百姓絶望社稷無主

也若困民之主匱神之祀百姓絶望社稷無主
將安用之弗去何爲天生民而立之君使司牧
之勿使失性有君而爲之貳 佐 使師保之勿使
過度善則賞之 賞謂宣揚之也 過則匡之 匡正 患則救
之 救其難也 失則革之自王以下各有父兄子弟補
察其政 補其愆過察其得失 史爲書 謂太史君擧必書 瞽爲詩 爲詩
以風 工誦箴諫 工樂人也誦箴諫之辭 大夫規誨 規正諫誨其君 士傳
之 傳告大夫 聞君過 庶人謗 庶人不與政聞君過得從而誹謗 商旅于
市 旅陳也陳其貨物以示所貴尚也 百工獻藝 獻其技藝以喩政事也 天之

【第十七紙】

市 懐陳也陳其貨物以示所貴尚也 百工獻藝 獻其伎藝以喩政事也 天之愛民甚矣豈其使一人肆於民上 肆放也 以從其淫而弃天地之性必不然矣 傳言師曠因問盡言也

十五年宋人或得玉獻諸子罕子罕不受獻玉者曰以示玉人 玉人能治玉者 玉人以為寶也故敢獻之子罕曰我以不貪為寶尒以玉為寶若以與我皆喪寶也不若人有其寶稽首而告曰小人懐璧不可以越郷 言必為盜所害 納此以請死 請免死 子罕寘諸其里使玉人為之攻之 攻治也 富而使復其所 賣玉得富

【第十七紙】

紇者武仲名也

為之攻之 攻治也 冨而使復其所 賣玉得冨
廿一年邾庶其以漆閭丘來奔 庶其邾大夫也 季武
子以公姑姊妻之皆有賜於其從者於是魯多
盜季孫謂臧武仲曰子盍詰盜 詰治也 武仲曰不
可詰也紇又不能季孫曰子為司寇將盜是務
去若之何不能武仲曰子召外盜而大禮焉何
以止吾盜 吾盜謂國中也 子為正卿而來外盜使紇去
之將何以能庶其竊邑於邾以來子以姬氏妻之
而與之邑 使食漆閭丘也 其從者皆有賜焉若大盜禮焉以君

邑[使食漆閭丘也]其從者皆有賜焉若大盜禮焉以君之姑姊與其大邑其次皁牧輿馬[給其賤役從皁至牧]其小者衣裳劍帶是賞盜也賞而去之其或難焉紇也聞之在上位者洒濯其心壹以待人軌度其信可明徵也[徵驗也]而後可以治人夫上之所為民之歸也上所不為而民或為之是以加刑罰焉而莫敢不懲若上之所為而民亦為之乃其所也又可禁乎晉欒盈出奔楚宣子殺羊舌虎[欒盈之黨]囚叔向樂王鮒見叔向曰吾

【第十八紙】

336 337 338 339 340 341 342 343 344

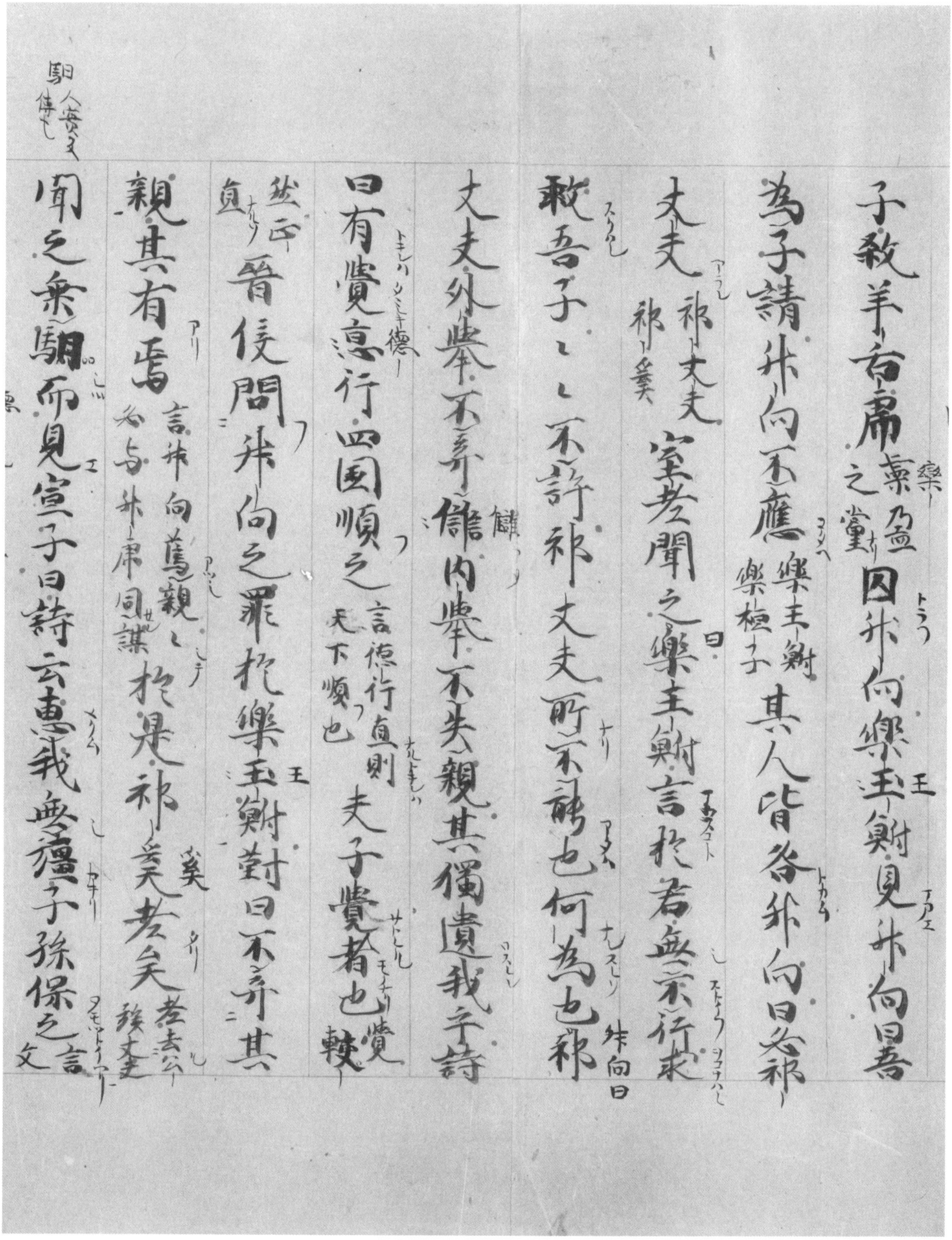
子叔羊舌虎（欒盈之黨）因叔向樂王鮒見叔向曰吾
為子請叔向不應（樂王鮒樂桓子）其人皆咎叔向叔向曰必祁
大夫（祁大夫祁奚）室老聞之樂王鮒言於君無不行求
赦吾子吾子不許祁大夫所不能也何為也祁（叔向曰）
大夫外舉不棄讎內舉不失親其獨遺我乎詩
曰有覺德行四國順之（言德行直則天下順之也）夫子覺者也（覺較）
晉侯問叔向之罪於樂王鮒對曰不棄其
親其有焉（言叔向篤親親必与叔虎同謀）於是祁奚老矣（老去公族大夫）
聞之乘馹而見宣子曰詩云惠我無疆子孫保之（言文）

聞之乘馹而見宣子曰詩云惠我無疆子孫保之言文
武有惠訓之德加於百姓故子孫保賴之夫謀而鮮過惠訓不倦者叔向
有焉社稷之固也猶將十世宥之以勸能者今壹
不免其身壹以弟故殺以弃社稷不亦惑乎鯀殛而禹
興言不以父罪廢其子也管蔡為戮周公右王言兄弟罪不相及也若之何
其以虎也弃社稷子為善誰敢不勉多殺何為
宣子悅與之乘以言諸公而免之共載入見公也不見叔
向而歸言為國非私叔向也叔向亦不告免焉而朝不告謝之明不為己
廿三年孟孫惡臧孫季孫愛之孟孫卒臧孫入哭甚哀

【第十九紙】

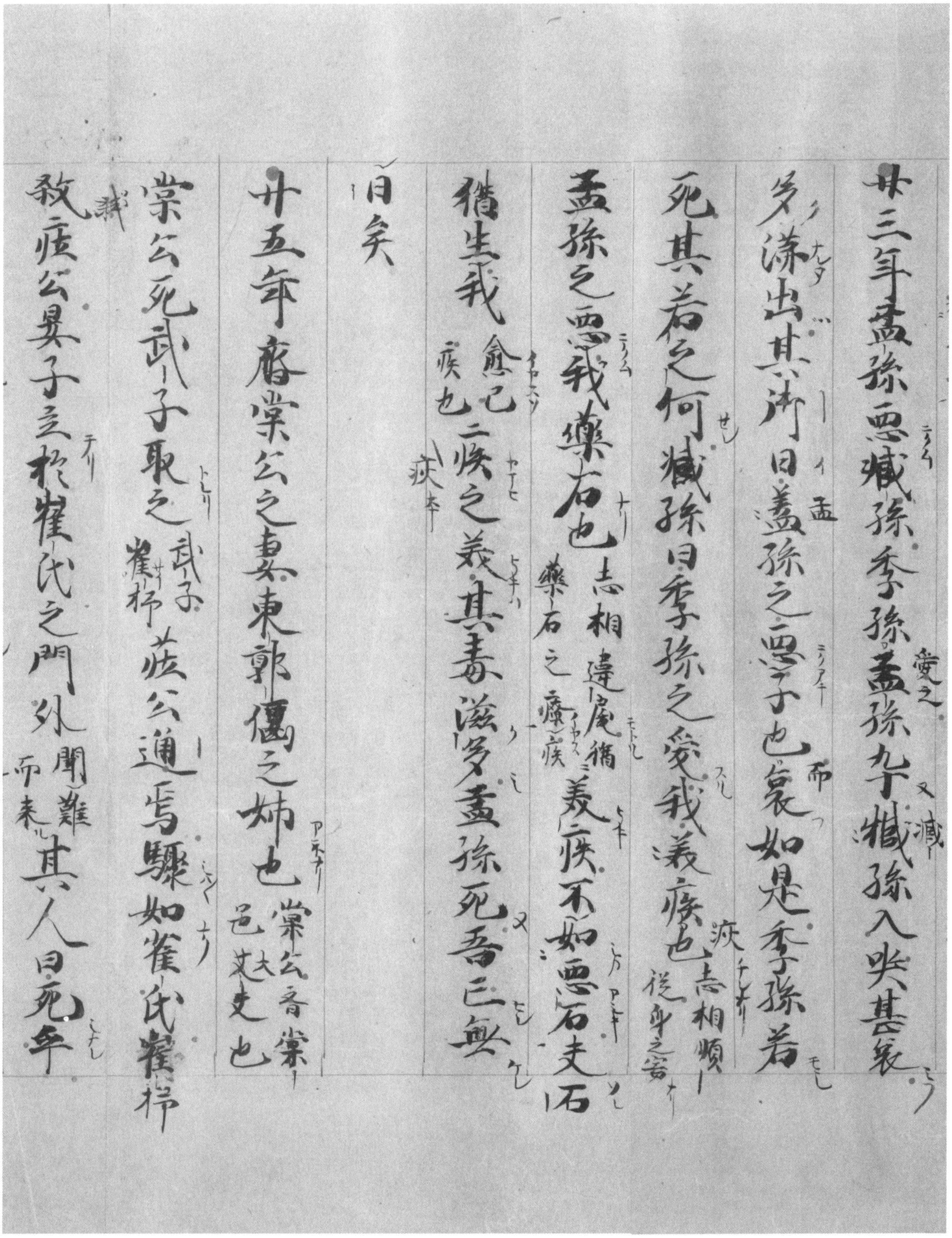
廿三年孟孫惡臧孫，季孫愛之。孟孫卒，臧孫入哭甚哀，
多涕。出，其御曰：孟孫之惡子也，而哀如是。季孫若
死，其若之何。臧孫曰：季孫之愛我，疾疢也。（志相順，從身之害也）
孟孫之惡我，藥石也。（志相違戾，猶藥石之療疾）美疢不如惡石。夫石
猶生我，（愈己之疾也）疢之美，其毒滋多。孟孫死，吾亡無
日矣。
廿五年齊棠公之妻，東郭偃之姊也。（棠公，齊棠邑大夫也）
棠公死，武子取之。（武子，崔杼）莊公通焉，驟如崔氏。崔杼
弑莊公，晏子立於崔氏之門外。（聞難而來）其人曰：死乎。

【第十九紙】

致莊公晏子立於崔氏之門外（聞難而來）其人曰死乎曰獨吾君也乎哉吾死也（言已與衆臣無異也）曰行乎曰吾罪也乎哉吾亡也（自謂無罪）曰歸乎曰君死安歸（言安可以歸也）君民者豈以後人社稷是主臣者豈爲其口實社稷是養（言君不徒居民上臣不徒求祿皆爲社稷也）故君爲社稷死則死之爲社稷亡則亡之（謂以公義死亡也）若爲己死而爲己亡非其私暱誰敢任之（私暱所親愛也非所親愛無爲當其禍）門啓而入枕尸股而哭（以公尸枕己股）興三踊而出程鄭卒子産始知然明（前年然明謂程鄭將死今如其言故知也）

程鄭卒子産始知然明 前年然明謂程鄭將死今如其言故知也
問爲政對曰視民如子見不仁者誅之如鷹鸇
之逐鳥雀也子産喜以語子大叔且曰他日吾
見蔑之面已 蔑然明名 今吾見其心矣
廿六年初楚伍參與蔡太師子朝友其子伍
擧與聲子相善 聲子子朝子也 伍擧椒擧也 五擧奔晉聲
子通使於晉還如楚令君子木与之語曰晉大
夫与楚孰賢對曰晉卿不如楚其大夫則賢
皆卿材也而杞梓皮革自楚往也 杞梓皆木名也雖

【第二十紙】

皆卿才也而杞梓皮革自楚往也　杞梓皆木名也雖
楚有材晉實用之　言楚亡臣多在晉　子木曰夫獨
無族姻乎　夫謂晉也　對曰雖有而用楚材實多歸
生聞之　歸生聲子名也　曰善為國者賞不僭而刑不
濫賞僭則懼及淫人濫則懼及善人若不幸
而過寧僭無濫與其失善寧其利淫無善人
則國從之也　從亡　詩曰人之云亡邦國殄瘁無善
人之謂也故夏書曰与其殺不辜寧失不經懼失
善也　逸書也不經不用常法　古之治民者勸賞而畏刑　樂行賞而

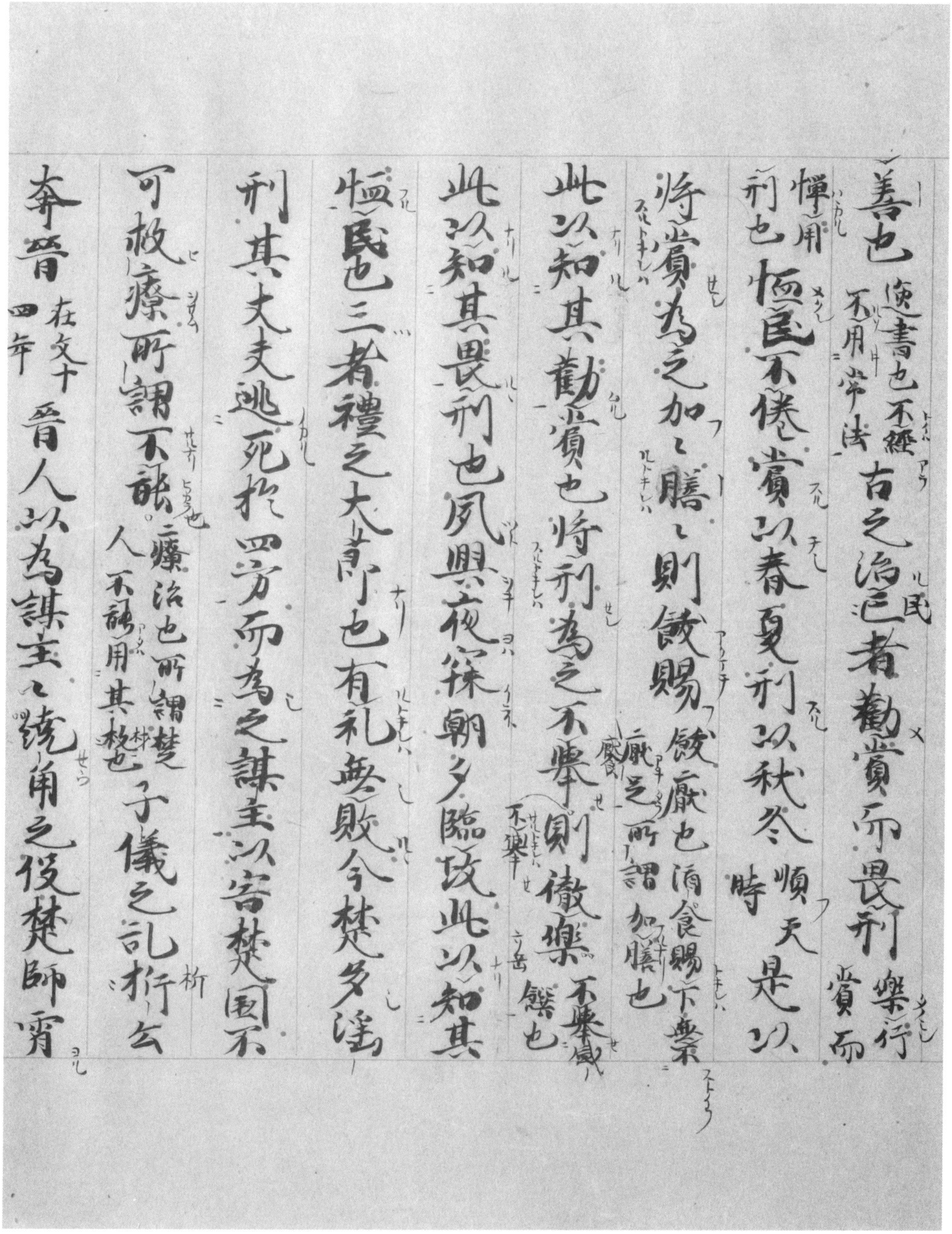

善也〔僭書也不經不用常法〕古之治民者勸賞而畏刑樂行賞而憚用刑也恤民不倦賞以春夏刑以秋冬〔順天是以時〕將賞為之加膳加膳則飫賜〔飫厭也酒食賜下無厭之所謂加膳也〕此以知其勸賞也將刑為之不舉不舉則徹樂〔不舉盛饌也〕此以知其畏刑也夙興夜寐朝夕臨政此以知其恤民也三者禮之大節也有禮無敗今楚多淫刑其大夫逃死於四方而為之謀主以害楚國不可救療所謂不能〔療治也所謂楚人不能用其材也〕子儀之亂析公奔晉〔在文十四年〕晉人以為謀主以繞角之役楚師宵

【第二十一紙】

奔晉（在文十四年）晉人以為謀主々繞角之役楚師宵
潰楚失華夏則析公之為雍子之父兄譖雍子
君与大夫不善是也（不是其曲直）雍子奔晉々人以為謀
主彭城之役楚師宵潰晉降彭城而歸諸宋（在元年）
楚失東夷則雍子之為也（楚東小国見楚子不能救彭城皆叛也）
子反與子靈爭夏姬（子靈巫臣）子靈奔晉々人以
為謀主通吳于晉教吳叛楚々疲於奔命至
今為患則子靈之為也（事見成七年）若敖之乱伯賁
之子苗賁皇奔晉々人以為謀主鄢陵之役

【第二十一紙】

之子苗賁皇奔晉〻人以為謀主鄢陵之役
在成十楚師大敗王夷師熸夷傷也吳楚之間
六年鄭叛吳興楚失諸侯則苗賁皇之為也子木謂火滅為熸
曰是皆然矣聲子曰今又有甚於此者椒舉
娶聚於申公子〻牟〻得戾而亡君大夫謂椒舉
汝實遣之懼而奔鄭今在晉矣晉人將與
之縣以比叔向以舉未詳比叔向彼若謀害楚國豈不
為患子木懼言諸王益祿爵而復之
廿七年宋向戌欲弭諸侯之兵為會於宋盟於

廿七年宋向戌欲弭諸侯之兵為會於宋盟於
宋西門之外楚人衷甲（衷甲在衣中欲因會擊晉）伯州犁
曰合諸侯之師以為不信无乃不可乎夫諸侯
望信於楚也是以来服若不信是棄其所服
諸侯也固請釋甲子木曰晉楚無信久矣事
利而已苟得志焉〻用有信大宰退（大宰伯州犁）
告人曰令尹將死矣不及三年求逞志而
棄信志其逞乎信已何以及三（明年子木死也）趙
孟患楚衷甲以告叔〻向〻曰何害也匹

【第二十二紙】

孟患楚衷甲以告叔ゝ向ゝ曰何害也匹
夫一為不信猶不可也若合諸侯以為不
信必不捷矣非子之患也夫以信召人而以
僭濟之也　僭戌　必莫之与也安能害我子何
懼焉宋左師請賞曰請免死之邑　欲宋君稱功加
厚賞故諂言免死之邑　公與之邑六十以示子罕子罕
曰凡諸侯小國晉楚所以威之畏而後上下
慈ゝ和ゝ而後能安靜其國家以事大國
所以存也無威則驕ゝ則亂生ゝ滅所以亡也

所以存也無威則驕〻則乱生乱生身滅所以亡也

天生五材金木水火土也民並用之廢一不可誰能去

兵〻之設久矣所以威不軌而昭文德聖人以興

謂湯武乱人以廢謂桀紂廢興存亡昏明之術皆兵

之由也而子求去之不亦誣乎以誣道蔽諸侯

罪莫大焉縱無大討而又求賞無猒之甚也

削而投之削賞左師之書左師辭邑

廿九年吳公子札来聘見叔孫穆子曰子其不

得死乎不得以壽死也好善而不能擇人吾子為魯宗

【第二十三紙】

得死乎（不得以壽死也）好善而不能擇人吾子爲魯宗
卿而任其大政不愼擧何以堪之禍必及子焉
（昭四年竪牛作亂）
卅年楚公子圍殺大司馬薳掩而取其室
申無宇曰王子必不免善人國之主也王子相
楚國將善是封殖而虐之是禍國也且司馬令
尹之偏也（佐）而王之四體也絶民之主去身之偏刈王
之體以禍其國無不祥大焉何以得免（爲昭十三年弑靈王傳）
鄭子皮授子産政使都鄙有章（國都及邊鄙車服尊卑各）

鄭子皮授子產政使都鄙有章 國都及邊鄙車服尊卑各
有分部也 上下有服 公卿大夫服不相踰 田有封洫 封疆也 洫溝也 廬井
有伍 廬舍也 九夫為井 使五家相保也 大人之忠儉者 謂卿大夫 從而
與之泰侈者因而斃之從政一年輿人誦之曰取我
衣冠而褚之 褚畜也 奢侈者畏法故畜藏也 取我田疇而伍之
孰殺子產吾其與之 並辭 及三年又誦之曰我
有子弟子產誨之我有田疇子產殖之 殖生也
子產而死誰其嗣之 嗣續也
卅一年鄭人遊于鄉校 鄉之學校也 以論執政 論其得失

卅一年鄭人遊于郷校學之名也以論執政論其得失
然明謂子産毀郷校如何患人於中謗議國政子産曰何
為夫人朝夕退而遊焉以議執政之善否其所
善者吾則行之其所惡者吾則改之是吾師也
若之何毀之我聞忠以善以損怨為忠善則怨謗息也不聞
作威以防怨欲毀郷校即作威也豈不遽止然猶防川也
遽畏懼也大決所犯傷人必多吾不克救也不如小
決使道道不如吾聞而藥之以為藥石然明曰蔑也
今而後知吾子之信可事小人實不才若果行

【第二十四紙】

今而後知吾子之信可事小人實不才若果行
此其鄭国實頼之豈唯二三臣仲尼聞是語
也曰以是觀之人謂子産不仁吾不信也鄭子皮
欲使尹何為邑（為邑大夫）子産曰少未知可否（尹何
年少）子皮曰愿吾愛之不吾叛也（愿謹善也）使夫往而學
焉夫亦愈知治矣（夫謂尹何）子産曰不可人之愛
人求利之也今吾子愛人則以政（以政与之）猶未能
操刀而使割也其傷實多（自傷）子之愛人傷之
而已其誰敢求愛子於（子於）鄭国棟也棟折榱

而已其誰敢求愛於子於鄭國棟也棟折榱
崩傷僑將厭焉敢不盡言子有美錦不使人（僑者子產之名也）（本又作壓於甲反徐於輒反）
學製焉大官大邑身之所庇也而使學者製
焉其爲美錦不亦多乎（言官邑之重多於美錦）僑聞學而
後入政未聞以政入學者也若果行此必有所
害譬如田獵射御貫則能獲也（貫習）若未嘗
登車射御則敗績厭覆是懼何暇思獲子
皮曰善哉虎不敏吾聞君子務知大者遠者小（虎者子皮之名）
人務小人務知小者近者我小人也衣服附在吾

【第二十五紙】

人務小人務知小者近者我小人也衣服附在吾
身我知而慎之大官大邑所以庇身也吾遠而
慢之易慢微子言之吾不知也他日我曰子為鄭國
我為吾家以庇焉其可也今而後知不足 自知 謙虚
不足謀其家 自今請雖吾家聽子而行子產曰人心
不同也如其面焉吾豈敢謂子面如吾面乎抑
心所謂危亦以告也子皮以為忠故委政焉子產
是以能為鄭國 言子產之治乃子皮之力 衛侯在楚北宮文子
見令尹圍之威儀言於衛侯曰令尹似君矣

【第二十五紙】

見令尹圍之威儀言於衛侯曰令尹似君矣
將有他志言語瞻視行步不常雖獲其志不能終也
詩云靡不有初鮮克有終〻之實難
令尹其將不免乎公曰何以知之對曰詩
云敬慎威儀惟民之則令尹無威儀民無
則焉民所不則以在民上不可以終
公曰善哉何謂威儀對曰有威而可

【第二十六紙】

畏謂之威有儀而可象謂之儀其臣畏而愛
之則而象之故能有其國家令聞長世臣有

之則而象之故能有其國家令問長世臣有
臣之威儀其下畏而愛之故能守其官職保
族宜家順是以下皆如是々以上下能相固也衛
詩曰威儀棣々不可選也棣々富而閑也選猶數也言君臣上
下父子兄弟外内大小之道皆有威儀也書數
文王之德逸書曰大國畏其力小國懷其德言畏
而愛之也詩言不識不知順帝之則而象之
也言文王行事無所斟酌唯在則象上天紂囚文王七年諸侯皆從
之囚可謂愛之矣文王伐崇再駕而降為臣

【第二十七紙】

之因可謂愛之矣文王伐崇再駕而降爲臣
聞崇德亂而伐之三旬不降退脩教而復伐之因壘而降蠻夷帥服可謂畏之
矣文王之功天下誦而歌舞之可謂則之矣文
王之行至今爲法可謂象之有威儀也故君子
在位可畏施舍可愛進退可度周旋可則容止
可觀作事可法德行可象聲氣可樂動作有
文言語有章以臨其下謂之有威儀也

群書治要卷第五

504 群書治要卷第五

505

506 建長六年十一月六日以

507 洒掃少尹尚圖教命加墨

508 點了

509 前參河守清原（花押）

三

三

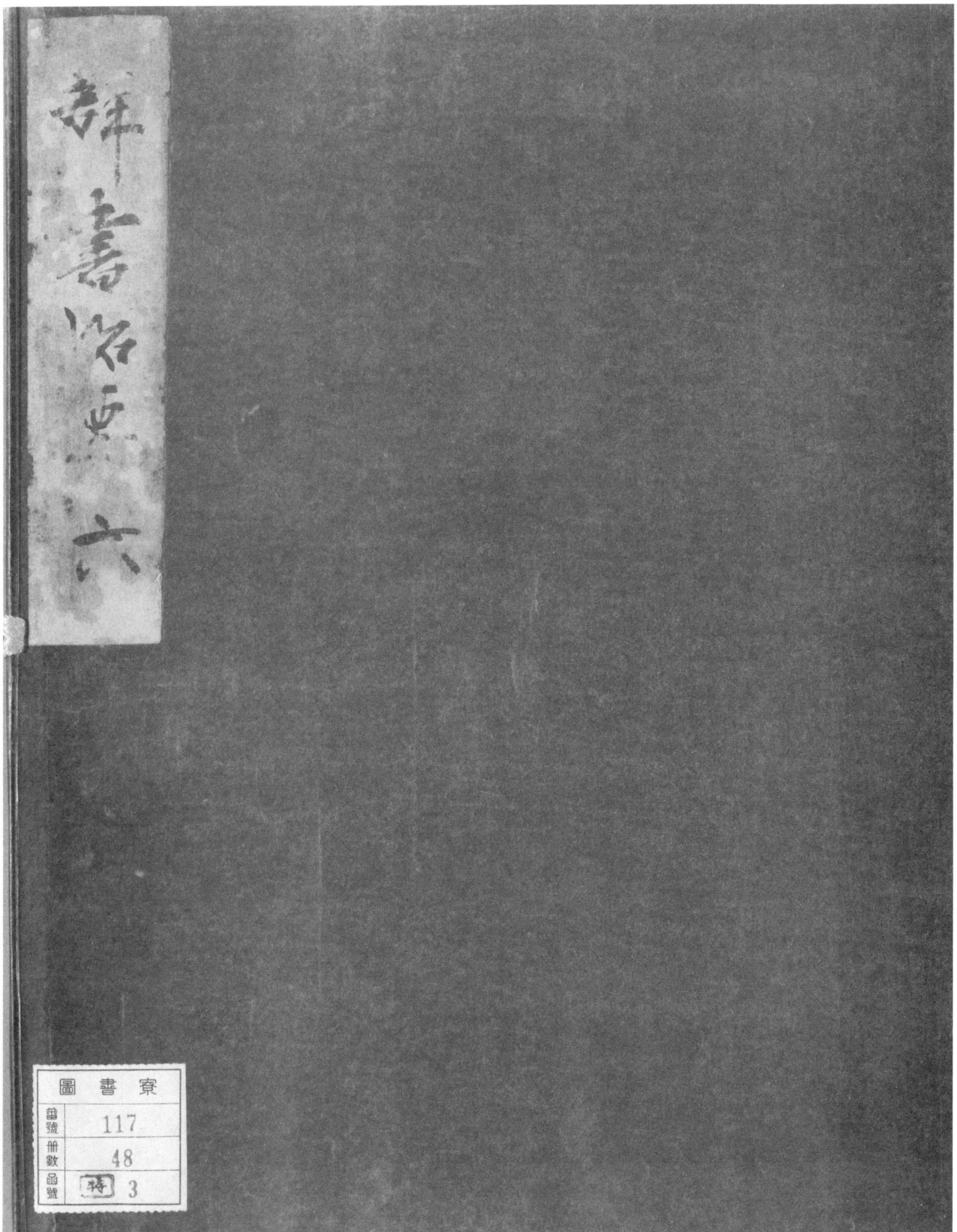
群書治要 六
圖書寮
番號 117
冊數 48
函號 特 3

【第一紙】

群書治要巻第六　　秘書監鉅鹿男臣魏徵等奉　勅撰

春秋左氏傳下

昭公

元年楚公子圍會于虢 虢鄭地也 尋宋之

盟也 宋盟在襄二十七年 晉祁午謂趙文子曰宋

之盟楚人得志於晉 得志謂先歃也 午祁奚子也 今令尹之

不信諸侯之所聞也子弗戒懼又如宋 恐楚復得志也

楚重得志於晉晉之恥也吾子其不可以

【第二紙】

楚重得志於晉〻之恥也吾子其不可以
不戒文子曰茲宋之盟也子木有禍
人之心武有仁人之心是楚所以駕
於晉也駕猶陵也今武猶是心也楚又行
僭〻不信非所害也武將信以為本循而行之
譬如農夫是穮是蔉穮耘也壅苗為蔉雖有飢饉
必有豐年言耕鋤不以水旱息必獲豐年之收且吾聞之能信不為人下
吾未能也自謂未能非僭也詩曰不僭不賊鮮不為則信也
也僭不信賊害人能為人則者不為人下矣吾不能是

也偪不信能為人則者不為人下矣吾不能是難禍難害人楚不為患也

三年齊侯使晏嬰於晉叔向從之宴相與語叔向曰齊其何如問與晏也晏子曰此季世也

齊其為陳氏矣公弃其民而歸於陳齊民不恤之也公聚朽蠹而三老凍餒三老謂上壽中壽下壽皆八十已上

國之諸市屨賤踊貴踊刖足者屨也言刑多也民人痛疾而或燠休之燠於前反徐方憂反又於到反又於六反燠休痛念之聲謂陳氏也其愛之如父母而歸之如流水欲無獲民將焉避之淑向日

之如流水欲無獲民將焉避之叔向曰
然雖吾公室今亦季世也庶人罷敝而宮
室滋侈 滋益也 道殣相望 餓死為殣 而女富溢尤 女寵之
家 民聞公命如逃寇讎政在家門 大夫專政 民無
所依公室之卑其何日之有 言今至也 讒鼎之
銘 讒鼎名 曰昧旦丕顯後世猶怠 昧旦早起也丕大也言夙興以務大顯後世
猶懈怠也 況日不悛 悛改也 其能久乎晉之公族盡
矣肸聞之公室將卑其宗族枝葉先落
則公從之初景公欲更晏子之宅曰子之

【第四紙】

則公從之　初景公欲更晏子之宅曰子之
宅近市湫隘囂塵不可以居　湫下隘小也囂聲塵土也
請更諸爽塏者　爽明也塏燥也　辭曰君子先臣容焉
先臣晏子之先人也　臣不足以嗣之臣侈矣　侈奢也　且小人
近市朝夕所求小人之利也公曰子近市識
貴賤對曰既利之敢不識公曰何貴何賤
於是景公繁於刑有鬻踊者故對曰踊貴
屨賤景公為是省於刑君子曰仁人之言其
利博哉晏子一言而齊侯省刑

利博哉晏子一言而齊侯省刑
四年楚子使椒舉如晉求諸侯晉侯欲勿許
司馬侯曰不可楚王方侈天或者欲逞其
心以厚其毒而降之罰未可知也其使能
終亦未可知也唯天所相也不可與爭君
其許之而脩德以待其歸若歸於德吾
猶將事之況諸侯乎若適淫虐楚將弃
之弃不以為吾君也吾又誰與爭公曰晉有三不殆其
何敵之有殆危也國險而多馬齊楚多難

【第五紙】

何故之有弑施國險而多馬齊楚多難

弑君之難也有是三者何向而不濟對曰恃險與

馬虞鄰國之難是三殆也四嶽三塗

陽城太室荊山中南九州之險也是不一

姓雖是天下至險無德滅亡冀之北土也燕代馬之所生無興國

焉恃險與馬不可以為固也從古以然是

以先王務脩德音以享神人也享通不聞其務

險與馬也鄰國之難不可虞也或多

難以固其國啓其疆土或無難以喪其

【第六紙】

難以固其國啓其彊土或無難以喪其
國失其守宇 於国則四垂為宇 若何虞難齊有仲
孫之難而獲桓公至今賴之 仲孫無知 晉
有里丕之難而獲文公是以為盟主衞
邢無難敵亦喪之 閔二年狄滅衞僖廿五年衞滅邢 故人之難
不可虞也恃此三者而不脩政德亟於不
暇又何能濟君其許之紂作淫虐文王惠
和殷是以隕周是以興夫豈爭諸侯乃許楚
子合諸侯于申椒舉言於楚曰臣聞諸

【第七紙】

子合諸侯于申椒舉言於楚子曰臣聞諸
侯無歸禮以爲歸今君始得諸侯其慎禮
矣霸之濟不在此會也夏啓有鈞臺之享
啓禹子也河南陽翟縣南有鈞臺 商陽有景亳之命 亳即偃師
周武有孟津之誓成有岐陽之蒐康有
酆宮之朝穆有塗山之會齊桓有召陵之
師 在僖四年 晉文有踐土之盟 在僖廿八年 皆所以示諸
侯禮也諸侯所由用命也夏桀爲仍之
會有緍叛之 仍緍皆國名 商紂爲黎之蒐東

【第八紙】

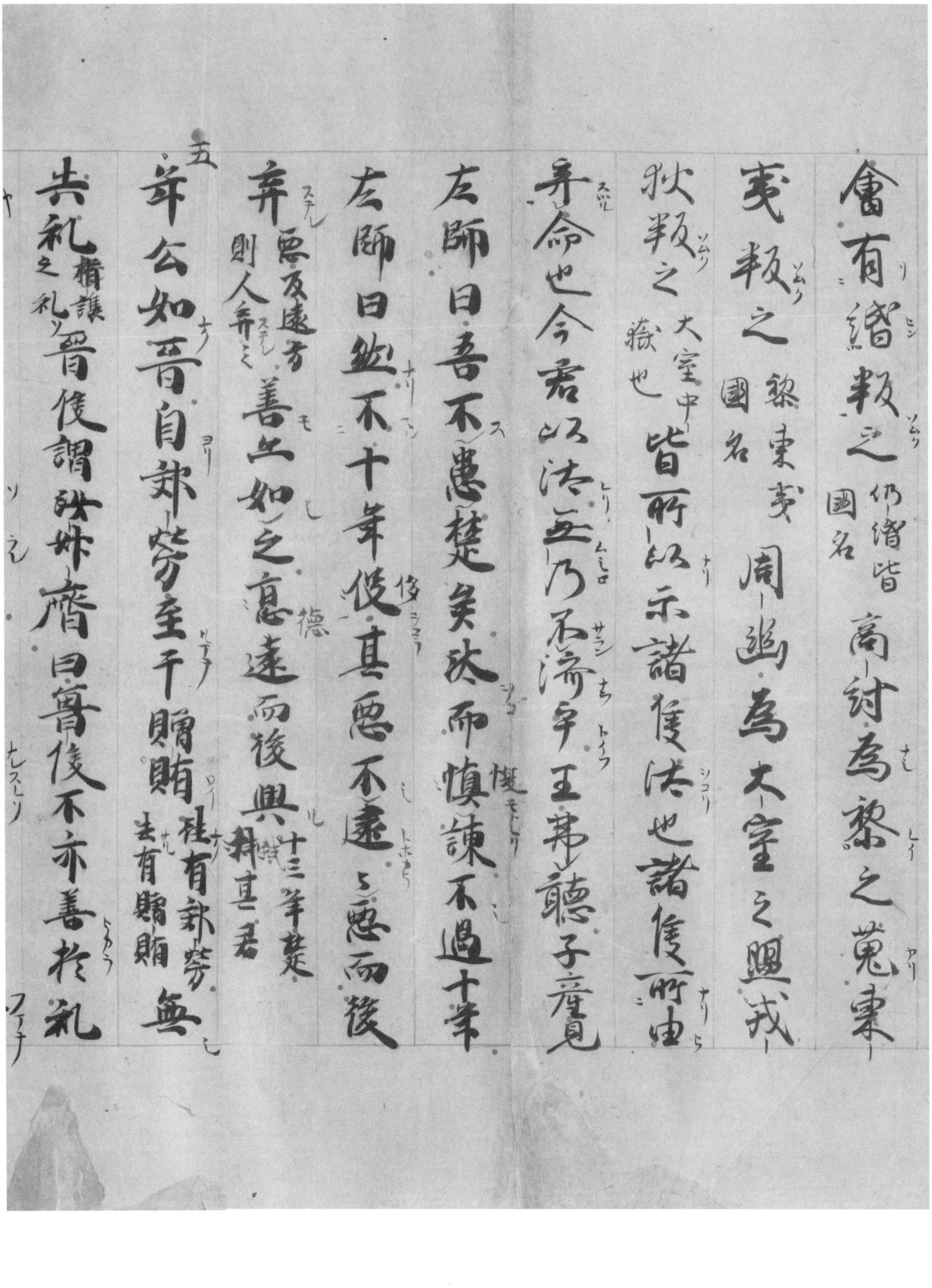

會有緡叛之仍緡皆國名商紂為黎之蒐東夷
叛之黎東夷國名周幽為大室之盟戎
狄叛之大室中嶽也皆所以示諸侯汰也諸侯所由
弃命也今君以汰無乃不濟乎王弗聽子産見
左師曰吾不患楚矣汰而愎諫不過十年
左師曰然不十年侈其惡不遠遠惡而後
弃惡及遠者則人弃之善亦如之德遠而後興十三年楚弑其君
五年公如晉自郊勞至于贈賄往有郊勞去有贈賄無
失禮揖讓之禮晉侯謂女叔齊曰魯侯不亦善於禮

【第九紙】

失禮（揖讓之禮）晉侯謂女叔齊曰魯侯不亦善於禮乎對曰魯侯焉知禮公曰何為自郊勞及贈賄禮無違者（何故不知）對曰是儀也不可謂禮禮所以守其國家行其政令無失其民者也今政令在家（在大夫）不能取也有子家羈（羈莊公玄孫）不能用也奸大國之盟陵虐小國（謂伐莒取鄆）利人之難（謂往年莒亂而取鄆）不知其私（不自知有私難）公室四分民食於他（謂三家）思莫在公不圖其終（無為公謀終始也）為國君難將及身不恤其所禮之本末將於此

君難將及身不恤其所禮之本末將於此
乎在而屑屑焉習儀以亟（亟言以習儀為急）言善於禮
不亦遠乎君子謂叔侯於是乎知禮（時晉侯失
政叔齊以此諷諫）晉韓宣子如楚送女叔向為介及
楚楚子朝其大夫曰晉吾仇敵也苟得志
焉無恤其他今其來者上卿上大夫也若吾
以韓起為閽（刖足使守門也）以羊舌肸為司宮（加宮刑也）足
以辱晉吾亦得志矣可乎大夫莫對薳啓
彊曰可苟有其備何故不可恥匹夫不可以

【第十紙】

彊曰可苟有其備何故不可恥匹夫不可以
無備況恥國乎是以聖王務行禮不求恥
人城濮之役在僖廿八年晉無楚備以敗於邲在宣
十二年邲之役楚無晉備以敗於鄢在成十六年自鄢
以來晉不失備而加之以禮重之以睦君臣和也是
以楚弗能報而求親焉既獲姻親又欲恥
之以召寇讎備之若何言何以爲備誰其重此言恐重也
若有其人恥之可也謂有賢人以敵晉則可恥之若其未有
君亦圖之晉之事君臣曰可矣求諸侯而

君亦圖之晉之事君臣曰可矣求諸侯而
麇至（麇群也）求昏而薦女（薦進也）君親送之上卿及
上大夫致之猶欲恥之君其亦有備矣不
然奈何君將以親易怨（失昏姻之親）實無禮以速
寇而未有其備使群臣往遺之禽以逞
君心何不可之有王曰不穀之過也大夫無辱（謝也）
厚爲韓子禮
六年鄭人鑄刑書（鑄刑書於鼎以爲國之常法）叔向使詒子
産書曰昔先王議事以制不爲刑辟懼民

產書曰昔先王議事以制不為刑辟懼民之有爭心也〔臨事制刑不豫設法也　法豫設則民知爭端〕猶不可禁禦是故閑之以義〔閑防〕糾之以政行之以禮守之以信奉之以仁〔奉養〕制為祿位以勸其從〔勸從教也〕嚴斷刑罰以威其淫〔放也〕懼其未也故誨之以忠聳之以行〔聳懼〕教之以務〔時所急也〕使之以和〔悅以使民〕臨之以敬蒞之以強〔施之於事為蒞〕斷之以剛〔義斷恩也〕猶求聖哲之上明察之官〔上公王也　官卿大夫也〕忠信之長慈惠之師民於是乎可任使也而不生禍

慈惠之師民於是乎可任使也而不生禍
亂民知有辟則不忌於上權移於法故民不畏上也並有爭

【第十一紙】

心以徵於書而徼幸以成之因危文以生爭緣徼幸以成
其巧偽也弗可為矣為治也夏有亂政而作禹
刑商有亂政而作湯刑夏商之亂著禹湯之法言不能議事
以制周有亂政而作九刑周之衰亦為刑書謂之九刑也三辟

【第十二紙】

之興皆叔世也言刑書不起於始盛之世今吾子相鄭國制
參辟鑄刑書制參辟謂用三代之末法將以靖民不亦難乎
詩曰儀式刑文王之悳日靖四方言文王以悳為儀式故能日有安

詩曰儀式刑文王之德曰靖四方 言文王以德爲儀式故能日有安靖四方之功刑法也
又曰儀刑文王萬邦作孚 言文王作儀法爲天下所信也
如是何辟之有 言詩唯以德與信不以刑 民知爭端矣將
棄禮而徵於書 以刑書爲徵 錐刀之末將盡爭之
錐刀末小事 亂獄滋豐賄賂並行終子之世鄭其
敗乎肸聞之國將亡必多制 數改法也 其此之
謂乎復書曰若吾子之言 復報也 僑不才不能
及子孫吾以救世也晉韓宣子之適楚也
楚人弗逆公子棄疾及晉竟晉侯將亦弗

【第十三紙】

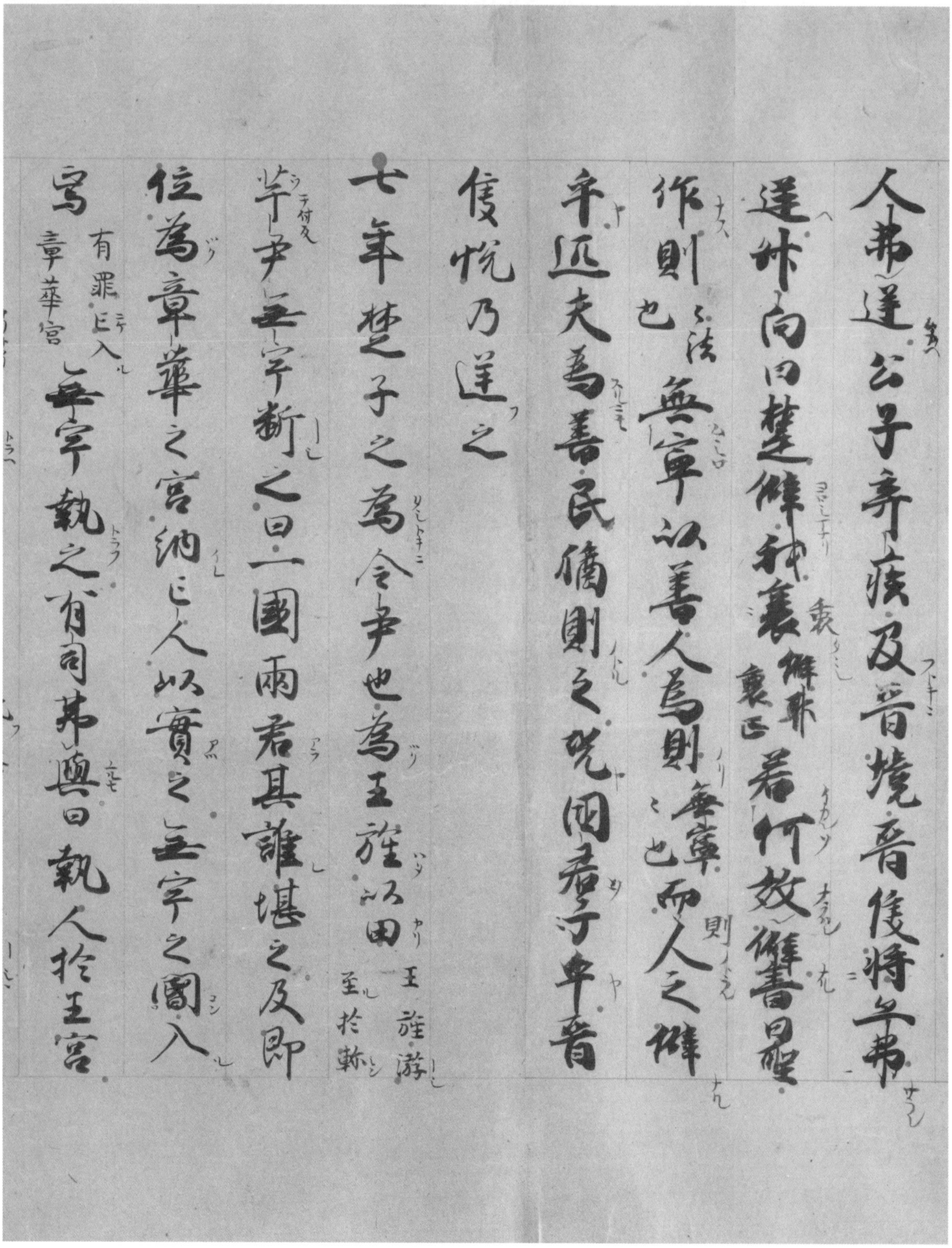

人弗逆。公子弃疾及晉境，晉侯將弗
逆。叔向曰：楚辟我衷（辟邪 衷正），若何效辟？書曰聖
作則也（法）。無寧以善人爲則，無寧而則人之辟
乎。匹夫爲善，民猶則之，况國君乎？晉
侯悅，乃逆之。
七年，楚子之爲令尹也，爲王旌以田（王旌游至於軫）。
芋尹無宇斷之曰：一國兩君，其誰堪之？及即
位，爲章華之宮，納亡人以實之。無宇之閽入
焉（章華宮 有罪亡入）。無宇執之，有司弗與，曰：執人於王宮

【第十四紙】

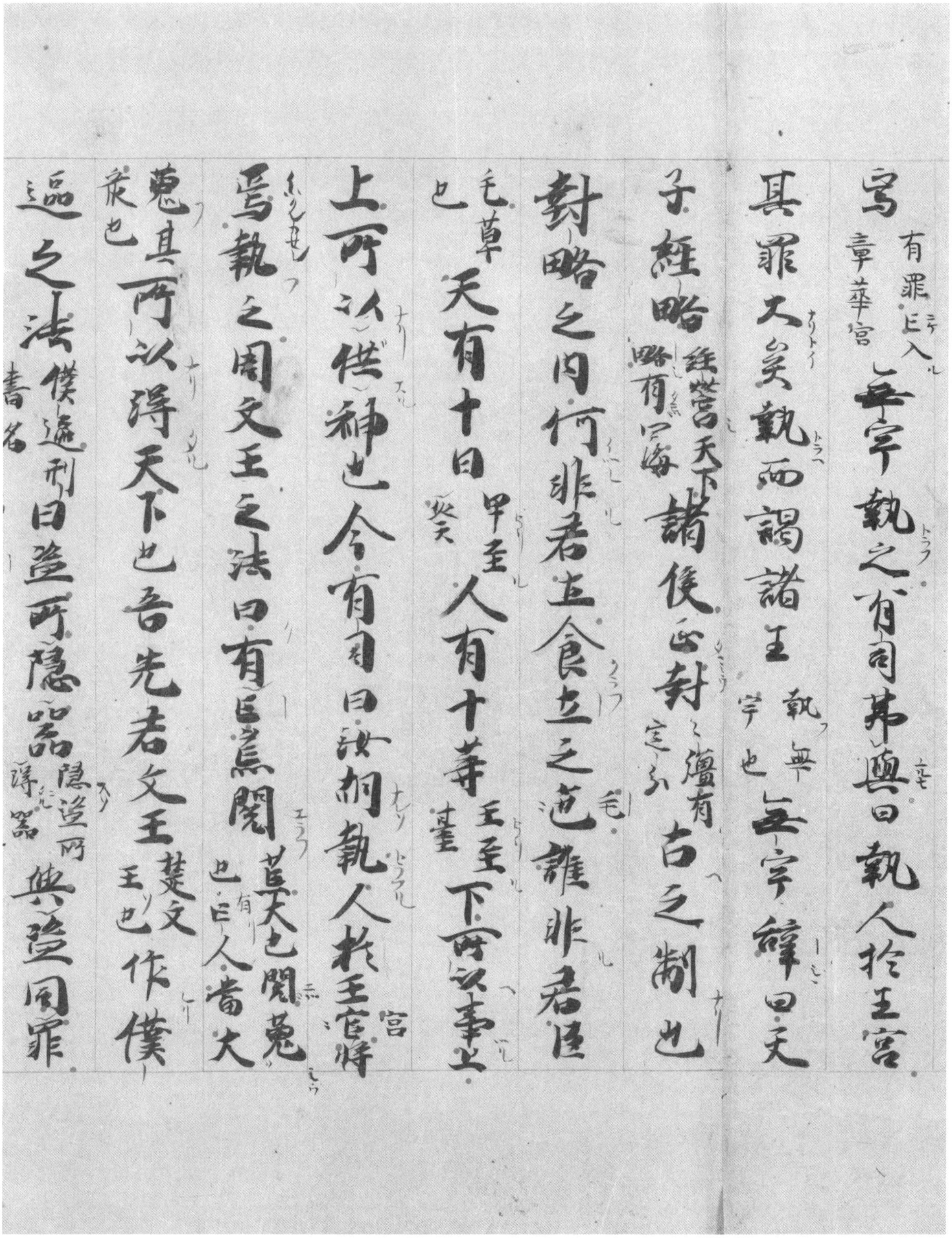
焉（有罪亡人入章華宮）無宇執之有司弗與曰執人於王宮
其罪大矣執而謁諸王（執無宇也）無宇辭曰天
子經略（經營天下略有四海）諸侯正封（正封疆有定分）古之制也
封略之內何非君土食土之毛誰非君臣
毛草也天有十日（甲至癸）人有十等（王至臺）下所以事上
上所以共神也今有司曰汝胡執人於王宮將
焉執之周文王之法曰有亡荒閱（荒大也閱蒐也有亡人當大蒐）
蒐其所以得天下也吾先君文王（楚文王也）作僕
區之法（僕隱也區匿也僕區刑書名）曰盜所隱器（隱盜所得器）與盜同罪

逼之法僕逼刑書名曰盜所隱器隱盜所得器與盜同罪所以封汝也善所法故賊緩若從有司是無所執逃臣也逃而舍之王事無乃闕乎昔武王數紂之罪以告諸侯曰紂為天下逋逃主萃淵藪萃集也天下逋逃悉以紂為淵藪集而歸之故夫致死焉人欲致死討紂之也君王始求諸侯而則紂無乃不可乎若以二文之法取之盜有所在矣靈王亦為盜王曰取而臣以往也臣往去盜有寵未可得也盜王自謂也遂舍之赦無宇也

【第十五紙】

168　167　166　165　164　163　162　161　160

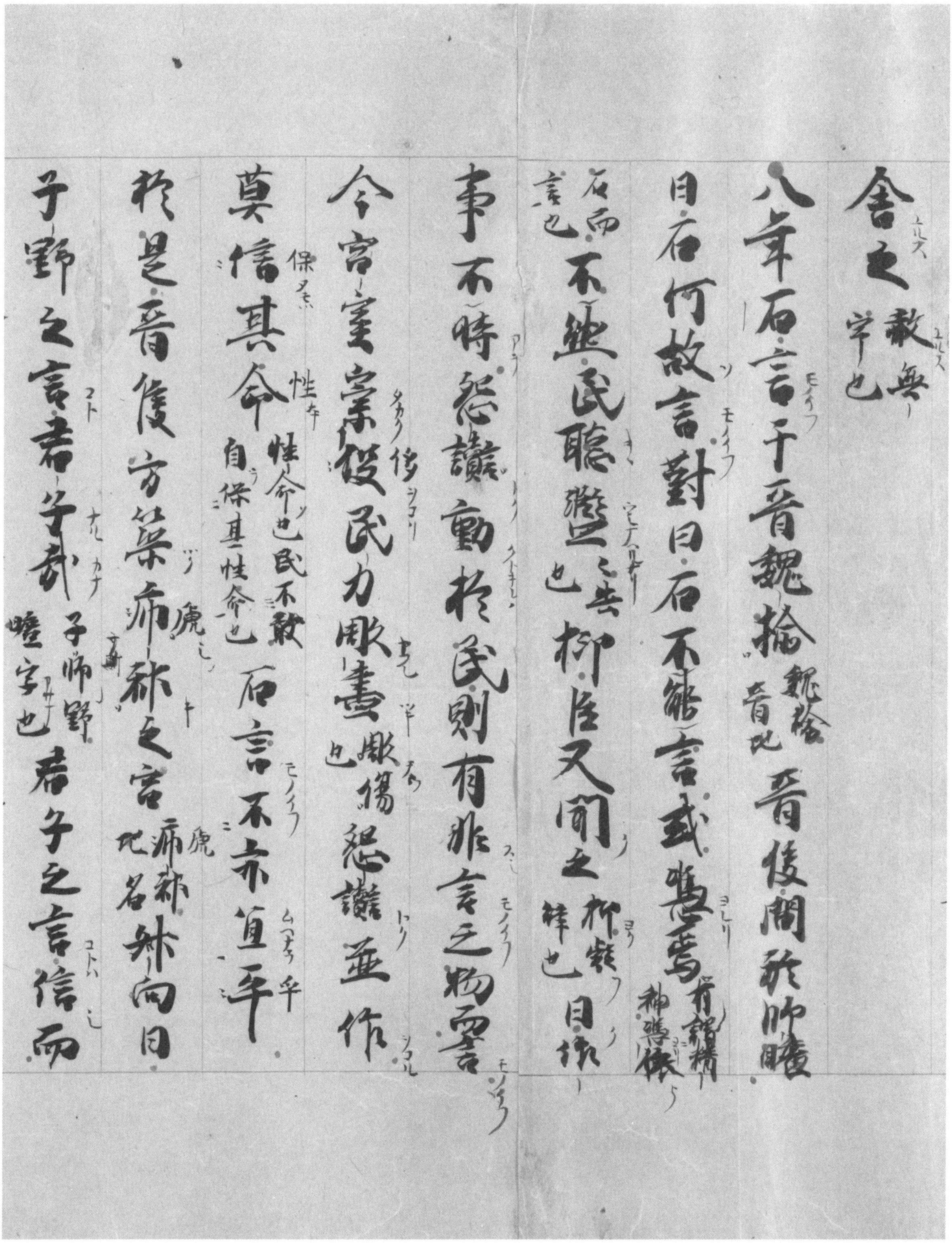

160 舍之 叡無字也

161 八年石言于晉魏榆 魏榆晉地 晉侯問於師曠

162 曰石何故言對曰石不能言或馮焉 有精神馮依之

163 石而言也 不然民聽濫也 抑臣又聞之 抑疑辭也 曰作

164 事不時怨讟動於民則有非言之物而言

165 今宮室崇侈民力彫盡 彫傷也 怨讟並作

166 莫保其性 性命也民不敢自保其性命也 石言不亦宜乎

167 於是晉侯方築虒祁之宮 虒祁地名 絳西向日

168 叔向曰子野之言君子哉 子野師曠字也 君子之言信而

子野之言君子哉子師曠字也君子之言信而
有徵故怨咎遠其身怨咎遠其身也小人之言僭
而無徵故怨咎及之是宮也成諸侯必叛
君必有咎夫子知之矣叔弓如晉賀虒祁
也賀宮成游吉相鄭伯以如晉亦賀虒祁也史
趙見太叔曰甚哉其相蒙也可弔也而又
賀之太叔曰若何弔也其非唯我賀
将天下實賀言諸侯畏晉非獨鄭也
九年周甘人與晉閻嘉爭閻田甘人甘大夫閻嘉晉閻縣大夫

【第十六紙】

九年周甘人與晉閻嘉爭閻田　甘人甘大夫閻嘉閻縣大夫
晉梁丙張趯率陰戎伐潁　陰戎陸渾之戎潁周邑　王
使詹桓伯辭於晉　辭責讓之也桓伯周大夫　曰文武成康
之建母弟以蕃屏周亦其廢隊是爲　爲後世廢
隊先弟之國當救濟之也　先王居檮杌于四裔以禦螭魅　螭魅之害檮
杌[illegible]舉四凶之一也　故允姓之姦居于瓜州　允姓陰戎之祖與三苗俱放於三危也
瓜州今燉煌也　伯父惠公歸自秦而誘以來　僖公十五年晉
惠公自秦歸廿二年秦晉遷陸渾之戎於伊川　使偪我諸姬入我郊
甸戎有中國誰之咎也　咎在晉　后稷封

【第十七紙】

甸戎有中國誰之咎也〔咎在晋〕后稷封
殖天下今戎制之不亦難乎〔后稷
脩封疆殖五穀今戎得之唯畜牧也〕伯父圖之我在
伯父猶衣服之有冠冕木水之有本原民
人之有謀主也〔民人謀主宗族之師長〕伯父若裂冠毀
冕拔本塞源專棄謀主雖戎狄其何有
余一人〔伯父猶然則雖戎狄無所責〕叔向謂宣子曰文之伯也
豈能改物〔言文公雖霸未能改正朔易服色〕翼戴天子而加之以
恭〔翼佐也〕自文以來世有衰德而暴蔑宗周

恭〔冀佐也〕自文以來世有衰德而暴蔑宗周
〔宗周天子〕以宣示其侈諸侯之貳不亦宜乎且王
辭直子其圖之宣子悅使趙成如周
致閻田及潁俘築郎囿季平子欲其
速成叔孫昭子曰詩云經始勿亟庶人子
來〔言文王始經營靈臺非急疾之衆民自以子義來勸樂為之〕焉用速成以勦民也
〔勦勞也〕無囿猶可無民其可乎十二年楚子次
于乾谿〔在譙國城父縣南〕僕析父從〔楚大夫〕右尹子革
夕〔子革鄭丹也　夕暮見也〕王見語曰今吾使人於周求鼎

【第十八紙】

夕（子革鄭丹也　夕暮見也）王見語曰今吾使人於周求鼎其與我乎對曰與君王哉今周服事君王將唯命是從豈其愛鼎王曰昔我皇祖伯父昆吾舊許是宅（陸終氏生六子長曰昆吾少曰季連々々楚之祖故謂昆吾為伯父也昆吾嘗居許故曰舊許是宅也）今鄭人貪賴其田而不我與我若求之其與我乎對曰與君王哉周不愛鼎鄭敢愛田王曰昔諸侯遠我而畏晉今我大城陳蔡不羹賦皆千乘諸侯其畏我乎對曰畏君王哉是四國者專足畏也（四國陳蔡二不羹也）又加

曰畏君王哉是四國者專用(足)畏也四國陳蔡二不羹也又加
之以楚敢不畏君王乎王入析父謂子革曰
吾子楚國之望也今與王言如響國其若
之何譏其順王心如響應聲子革曰摩厲以須王出吾刃
將斬之矣以己爲鋒刃欲自摩厲以斬王之淫慝王出復語左史倚相
趨過倚相楚史名也王曰是良史也能讀三墳五典
八索九丘皆古書名對曰臣嘗問焉昔穆王欲肆
其心周穆王肆極也周行天下將皆有車轍馬跡焉
祭公謀父作祈招之詩以止王心謀父周卿士也祈父司馬掌

祭公謀父作祈招之詩以止王心（謀父周卿士也祈父司馬掌甲兵之職招其名）王是以獲沒於祗宮（獲沒不見篡弒也）臣問其詩而不知也若問遠焉其焉能知之王曰子能乎對曰能其詩曰祈招之愔愔式昭德音（愔愔安和貌也式用也昭明也）思我王度式如玉式如金（言金玉取其堅重）形民之力而無醉飽之心（言國之用民當隨其力任如金冶之器隨器而制形故言形民之力去其醉飽過盈之心）王揖而入饋不食寢不寐數日（感子革之言）不能自克以及於難也（克勝）仲尼曰古也有志克己復禮仁也信善哉楚靈王若

【第十九紙】

有志竟已復礼仁也信善哉楚靈王若能如此豈其辱於乾谿

十三年季平子立而不礼於南蒯（南蒯季氏費邑宰也）南蒯以費叛叔弓圍費弗克敗焉（為費人所敗）平子怒令見費人執之以為囚俘冶區夫曰非也（冶區夫魯大夫）若見費人寒者衣之飢者食之為之令主而供其乏困費來如歸南氏亡矣民將叛之誰與居邑若憚之以威懼之以怒民疾而叛為之聚也若諸侯皆然費人無歸不

而教爲之衆也若諸侯皆然貴人無歸不親南氏將焉入乎平子從之貴人救南氏

十五年晋荀吳帥師伐鮮虞圍鼓（鼓白狄之別）鼓人或請以城叛穆子弗許左右曰師徒不勤而可以獲城何故不爲穆子曰吾聞諸叔向曰好惡不愆民知所適事無不濟（愆過也適歸也）或以吾城叛吾所甚惡也人以城來吾獨何好焉賞所甚惡若所好何（無以復加所好也）若其弗賞是失信也何以庇民力能則進否則退量力而行

【第二十紙】

也何以庇民力能則進否則退量力而行
吾不可以欲城而近姦所喪滋多使鼓人
殺叛人而繕守備圍鼓三月鼓人或請降使
其民見曰猶有食色姑脩而城軍吏曰獲城
而弗取勤民而頓兵何以事君也穆子曰吾以事
君也獲一邑而教民怠將焉用邑邑以賈怠
不如完舊賈怠無卒也棄舊不祥鼓人
能事其君我亦能事吾君率義不爽好
惡不愆城可獲而民知義所在有死命

惡不衛城可殘而民知義所在有死命
而無二心不亦可乎鼓人告食竭力盡而後
取之克鼓而反不戮一人
十八年火始昏見火心星也梓慎曰七日其火作乎
宋衛陳鄭也數日皆來告火裨竈曰不用吾言
鄭又將火前年裨竈欲用瓘斝禳火子產不聽鄭人請用之子產
不可子太叔曰寶以保民也若有火國幾
亡可以救亡何愛焉子產曰天道遠人道
邇非所及也何以知之竈焉知天道是亦

邇非所及也何以知之竈焉知天道是亦
多言矣豈不或信（多言者或時有中也）遂不與亦不
復火
十九年楚子之在蔡也生大子建及即位
使伍奢為之師費無極為少師無寵焉欲
譖諸王曰建可室矣王為之聘於秦無極與
逆勸王取之楚子為舟師以伐濮（南夷也）無
極言於楚子曰晉之伯也邇於諸夏而楚辟
陋故弗能與爭若大城城父而寘大子（城父今襄）

【第二十一紙】

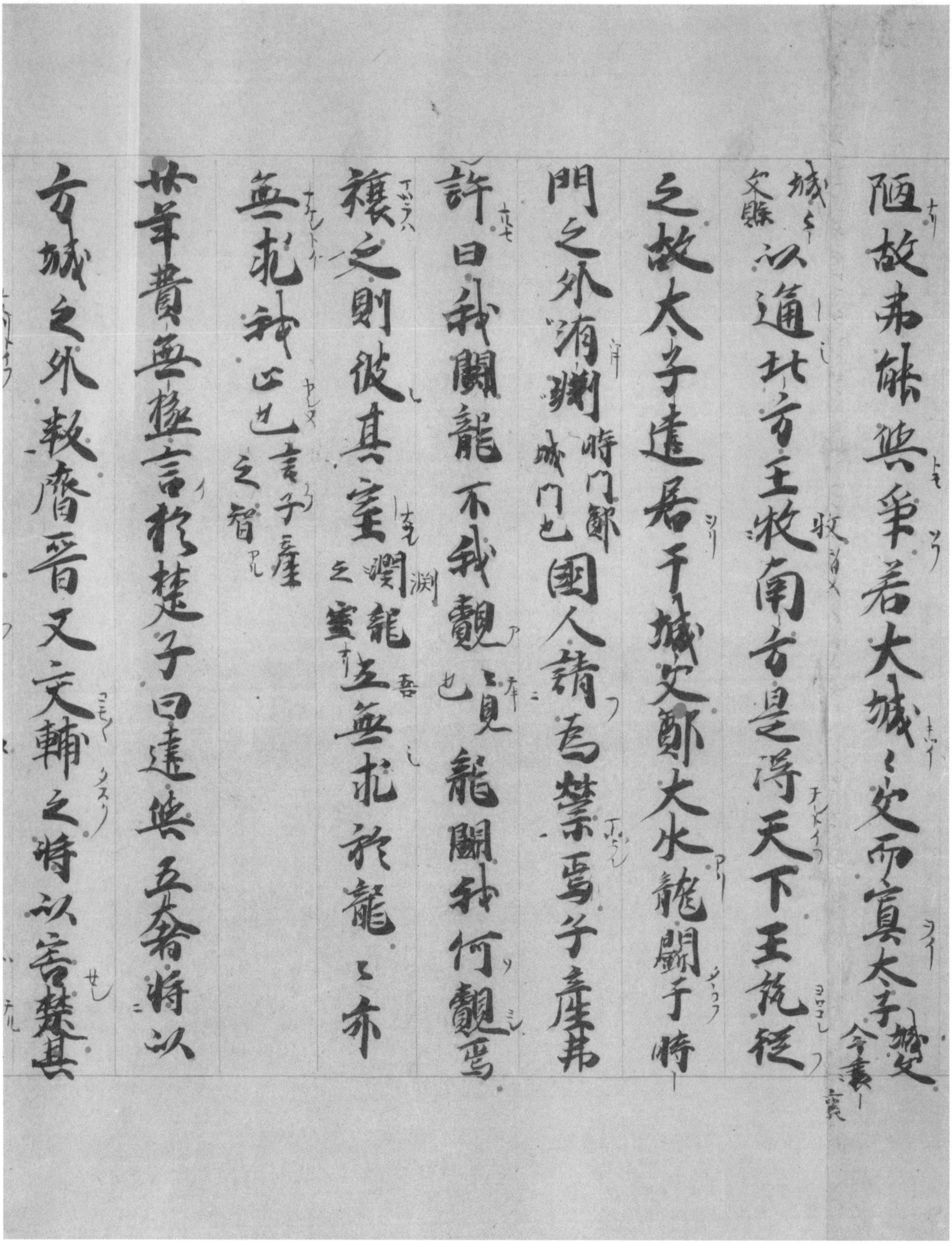
陋故弗能與爭若大城〻父而寘太子焉城父今襄城城父縣以通北方王收南方是得天下王說從之故太子建居于城父鄭大水龍鬬于時門之外洧淵時門鄭城門也國人請為禜焉子產弗許曰我鬬龍不我覿也覿見龍鬬我何覿焉禳之則彼其室也淵龍之室吾無求於龍〻亦無求於我乃止也言子產之智廿年費無極言於楚子曰建與伍奢將以方城之外叛自以猶宋鄭也齊晉又交輔之將以害楚其

【第二十三紙】　【第二十二紙】

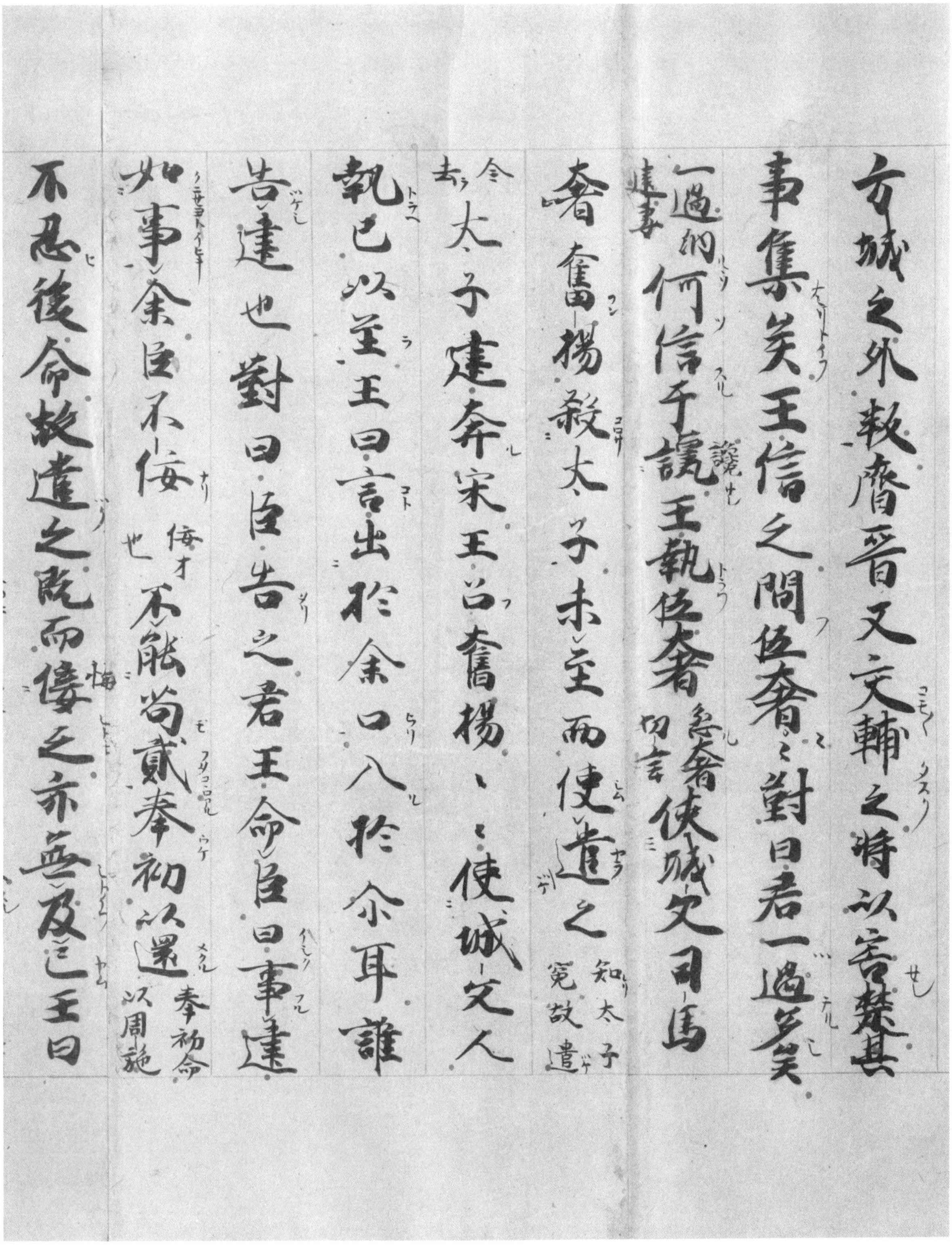
方城之外叛齊晉又交輔之將以害楚其
事集矣王信之問伍奢〻〻對曰君一過多矣
一過納建妻　何信於讒王執伍奢　忌奢　使城父司馬　切言
奮揚殺大子未至而使遣之　知大子寃故遣
今去　大子建奔宋王召奮揚〻〻使城父人
執已以至王曰言出於余口入於尒耳誰
告建也對曰臣告之君王命臣曰事建
如事余臣不佞　佞才　不能苟貳奉初以還　奉初命以周旋
不忍後命故遣之既而悔之亦無及已王曰

【第二十三紙】　【第二十四紙】

280 281 282 283 284 285 286 287 288

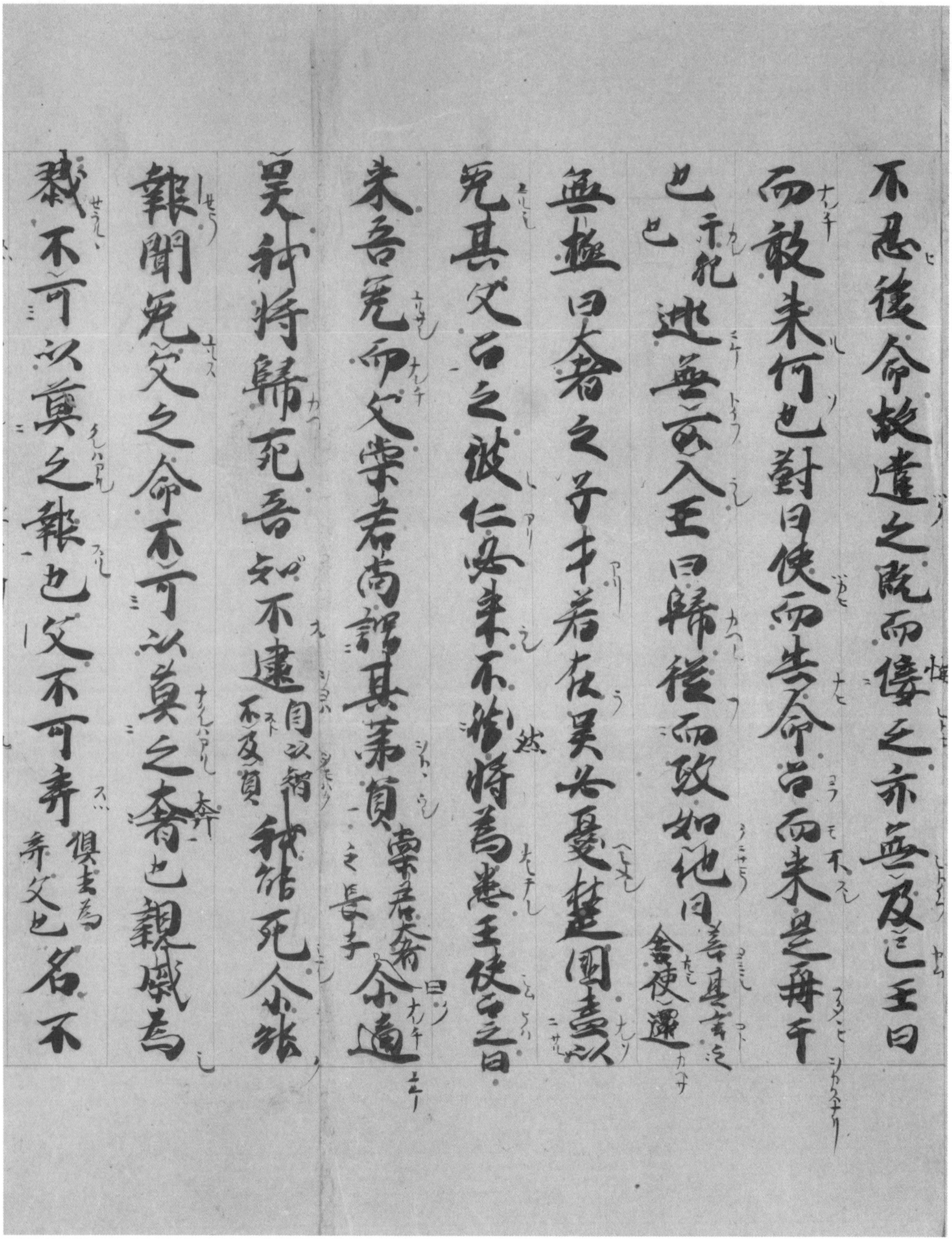
不忍後命故遣之既而悔之亦無及已王曰
而敢來何也對曰使而失命召而不來是再奸
也（干犯）逃無所入王曰歸從政如他日（善其言也舍使還）
無極曰奢之子才若在吳必憂楚國盍以
免其父召之彼仁必來不然將為患王使召之曰
來吾免而父棠君尚謂其弟員曰（棠君奢長子）爾適
吳我將歸死吾知不逮（自以智不及員）我能死爾能
報聞免父之命不可以莫之奔也親戚為
戮不可以莫之報也父不可弃（俱去為弃父也）名不

戮不可以莫之報也父不可棄（俱去為棄父也）名不
可廢（俱死為廢名）尒其勉之伍尚歸奢聞員不來
曰楚君大夫其旰食乎（將有吳患不得早食）楚人皆殺
之員如吳言伐楚之利於州于（州于吳子僚也）齊
侯疥遂痁（痁瘧疾也）期而不瘳諸侯賓問疾者
多在（多在齊）梁丘據與裔款言於公曰（二子齊嬖大夫）吾
事鬼神豐於先君有加矣今君疾病為
諸侯憂是祝史之罪也諸侯不知其謂我不
敬君盍誅於祝固史嚚以辭賓（欲殺嚚固以辭謝來問疾之賓）

敬君盍誅於祝固史嚚以辭賓 欲殺嚚固以辭謝來問疾之賓
公悅告晏子〻對曰宋之盟屈建問范會
之悳於趙武〻曰夫子之家事治言於晉國
竭情無私其祝史陳信不媿其家事無猜
其祝史不祈 家無猜疑之事故祝史無媿於鬼神 建以語康王 楚王也
康王曰神人無怨宜夫子之光輔五君以為
諸侯主也 五君文襄靈成景也 公曰據與款謂寡人能
事鬼神故欲誅於祝史子稱是語也何故對
曰若有悳之君外內不廢 無廢事也 上下無怨動無

【第二十五紙】

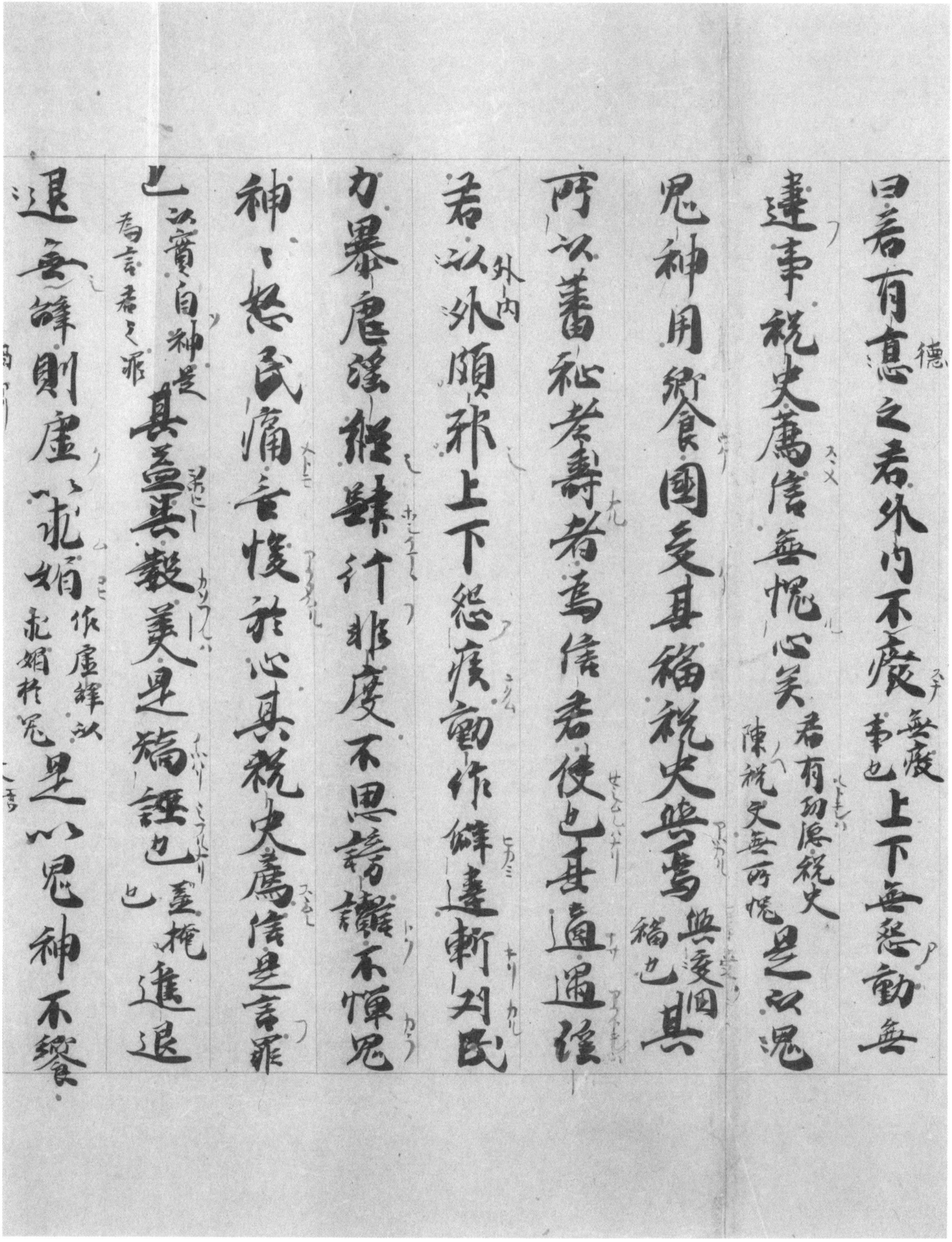

304 曰若有悳之君外內不廢無廢事也上下無怨動無
305 違事祝史薦信無愧心矣君有功德祝史陳說無所愧是以鬼
306 神用饗國受其福祝史與焉與受國福也其
307 所以蕃祉老壽者為信君使也其適遇淫
308 君外內頗邪上下怨疾動作辟違斬刈民
309 力暴虐淫縱肆行非度不思謗讟不憚鬼
310 神神怒民痛無悛於心其祝史薦信是言罪
311 也以實白神是為言君之罪其蓋失數美是矯誣也蓋掩也進退
312 無辭則虛以求媚作虛辭以求媚於鬼是以鬼神不饗

退無謗則虚以求媚（作虚辭以求媚於鬼）是以鬼神不饗
其國以禍之祝史與焉所以夭昏孤疾者為暴
君使也公曰然則若之何對曰不可為也（言非誅祝史所
能治）山林之木衡鹿守之澤之萑蒲舟鮫守
之藪之薪蒸虞候守之海之鹽蜃祈望
守之（衡鹿舟鮫虞候祈望皆官名也言公專守山澤之利不與民共）布常無藝（藝法制
也言布政無法制）徵斂無度宮室日更淫樂不違也
内寵之妾肆奪於市（肆放也）外寵之臣僭
令於鄙（鄙為教令於邊鄙也）民人苦病夫婦皆詛（詛咒）

【第二十六紙】

令於鄙（鄙為教令於邊鄙也）民人苦病夫婦皆詛
祝有益也詛亦有損聊攝以東（聊攝齊西界也）姑尤（以西）
其為人也多矣雖其善祝豈能勝億兆人
之詛君若欲誅於祝史脩德而後可公悅使
有司寬政毀關去禁薄斂齊侯至自田晏
子侍于遄臺子猶馳而造焉（子猶梁丘據）公曰唯
據與我和夫晏子對曰據亦同也焉得為
和公曰和與同異乎對曰異和如羹焉水火
醯醢鹽梅以烹魚肉燀宰夫和之（齊之以味）濟其不及以

醯醢鹽梅以烹魚肉宰夫和之濟其不及以
泄其過君子食之以平其心君臣亦
然君所謂可而有否焉臣獻其否以成
其可君所謂否而有可焉臣獻其可
以去其否是以政平而不干民無爭心今據
不然君所謂可據亦曰可君所謂否據亦
曰否若以水濟水誰能食之若琴瑟之專壹
誰能聽之同之不可也如是
廿五年會于黄父鄭子大叔見趙簡子簡

廿五年會于黃父鄭子大叔見趙簡子簡ㄧ
問揖讓周旋之禮焉對曰是儀也非禮也
簡子曰敢問何謂禮對曰吉也聞諸先大夫
子產曰夫禮天之經也經者道之常也地之義也義者利之宜也
民之行也行者人所履天地之經而民實則之則天之
明日月星辰天之明也因地之性高下剛柔地之性也生其六氣陰陽
風雨晦明用其五行金木水火土也氣為五味酸鹹辛苦甘發為
五色青黃赤白黑發見也章為五聲宮商角徵羽也淫則昏亂民
失其性滋味聲色過則傷性也是故為禮以奉之制禮以奉其性

【第二十七紙】

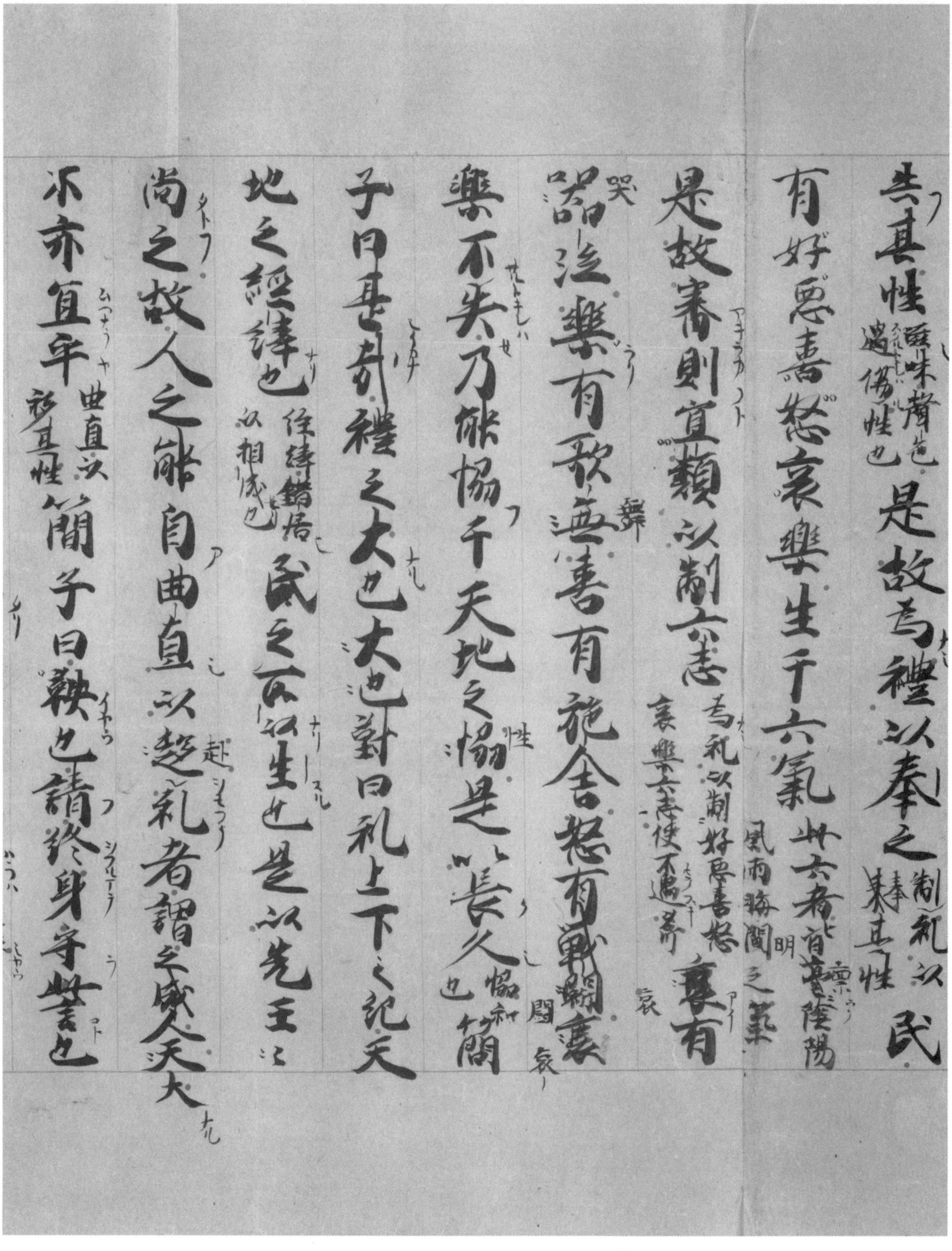

失其性（滋味聲色過傷性也）是故為禮以奉之（制禮以奉其性）民
有好惡喜怒哀樂生于六氣（此六者皆稟陰陽風雨晦明之氣）
是故審則宜類以制六志（為禮以制好惡喜怒哀樂六志使不過節）哀有
哭泣樂有歌舞喜有施舍怒有戰鬬哀
樂不失乃能協于天地之性是以長久（協和也）簡
子曰甚哉禮之大也對曰禮上下之紀天
地之經緯也（經緯錯居以相成也）民之所以生也是以先王
尚之故人之能自曲直以赴禮者謂之成人大
不亦宜乎（曲直以弼其性）簡子曰鞅也請終身守此言也

不亦宜乎曲直以弥其性簡子曰鞅也請終身守此言也
卅六年齊有彗星出齊之分野齊侯使禳之禳除晏子
曰無益也祗取誣焉誣欺也天道不謟謟疑也不貳其
命若何禳之且天之有彗也以除穢也君無
穢德又何禳焉若德之穢禳之何損詩曰惟此
文王小心翼翼昭事上帝聿懷多福厥德不
回以受方國翼翼恭也聿惟也回違也言文王之德不違天人故四方之國歸往之君無違德
德方國將至何患於彗詩曰我無所監夏后
及商用亂之故民卒流亡若德回亂民將流亡

【第二十八紙】

及高用亂之故民率流亡若悳回亂民將亡
祝史之焉無能補也悅乃止齊侯與晏子
坐于路寢公歎曰美哉室其誰不此乎
景公自知悳不能久有國故歎也晏子曰敢問何謂也公曰吾以爲
在悳對曰如君之言其陳氏乎陳氏雖無
大悳而有施於民公厚斂焉陳氏厚施焉民
歸之矣詩曰雖無悳與汝式歌且舞義取雖無大悳要有
喜悅之心末用也陳氏之施民歌舞之矣後世若少惰
陳氏而不亡國則也已公曰善哉是可若何

陳氏而不亡國則也已公曰善哉是可若何
對曰唯禮可以已之在禮家施不及國大夫
不收公利稱也公曰善哉我不能矣吾今而
後知禮之可以為國也對曰禮之可以為國也
久矣與天地並君令臣共父慈子孝兄愛弟
敬夫和妻柔姑慈婦聽禮也君令而不違臣
共而不貳父慈而教子孝而箴也兄愛而
友弟共而順夫和而義妻柔而正姑慈而從
歸聽而婉也禮之善物也公曰善哉

婦聽而婉也禮之善物也公曰善哉
廿七年楚左尹郤宛直而和國人悅之
類 鄢將師為右領與費無極比而惡之
謂子常曰子惡欲飲子酒又謂子惡令尹
欲飲酒於子氏子惡曰令尹將必來辱為惠已甚
吾無以酬之若何無極曰令尹好甲兵子
出之吾擇焉取五甲五兵曰寘諸門令尹至
必觀之而從以酬之及饗日帷諸門左
其中 無極謂令尹曰吾幾禍子子惡將為子不利

【第二十九紙】

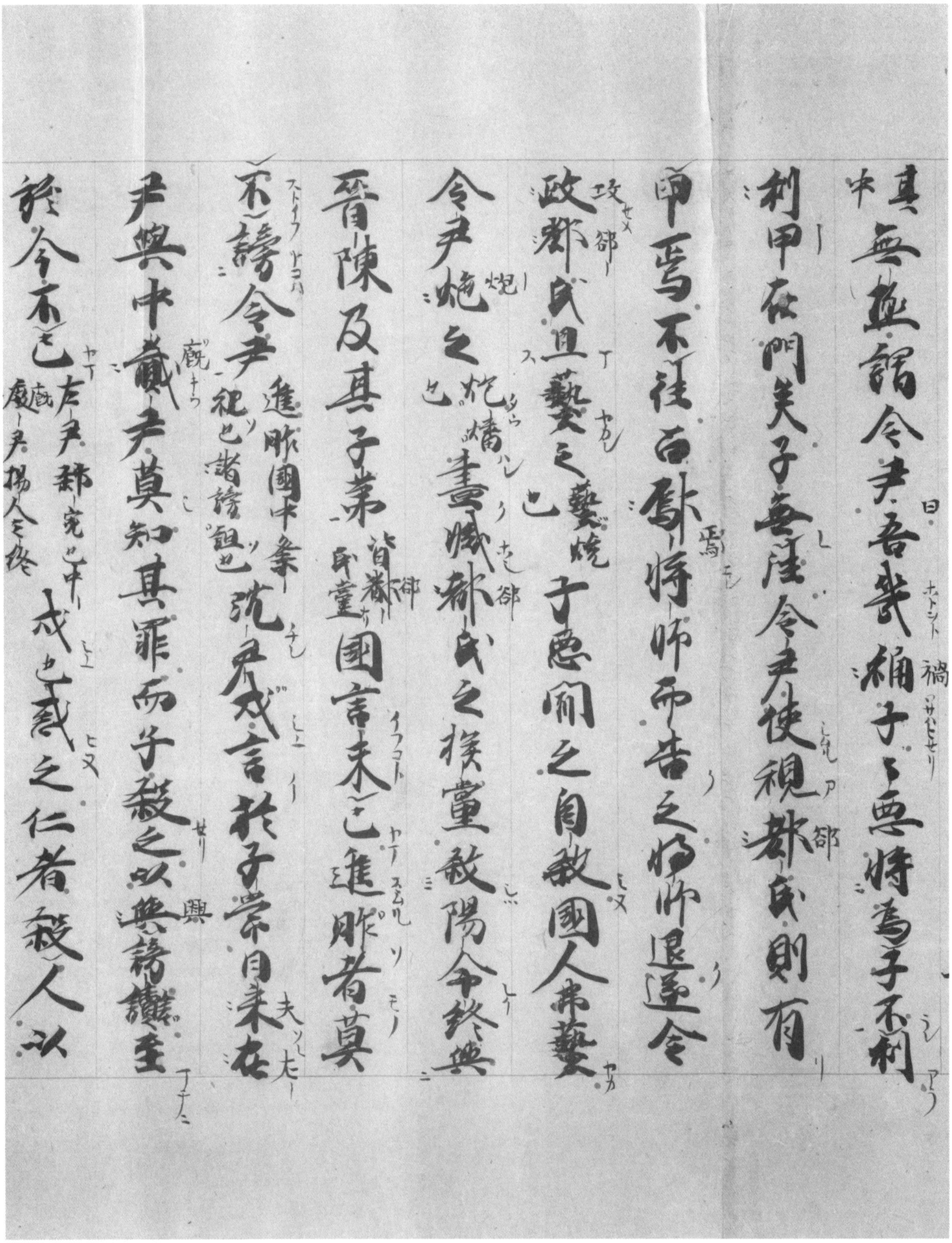
其無極謂令尹吾幾禍子〻惡將爲子不利
甲在門矣子無往令尹使視郤氏則有
甲焉不往召鄢將師而告之將師退遂令
攻郤氏且爇之子惡聞之自殺國人弗爇
令尹炮之盡滅郤氏之族黨殺陽令終與
晉陳及其子弟國言未已進胙者莫
不謗令尹沈尹戌言於子常曰夫左
尹與中廄尹莫知其罪而子殺之以興謗讟至
於今不已戌也惑之仁者殺人以

於今不已（左尹郤宛也中廄尹陽令終）戌也惑之仁者殺人以
掩謗猶弗為也今吾子殺人以興謗而弗圖
不亦異乎夫無極楚之讒人也民莫不知去
朝吳（在十五年）出蔡侯朱（在廿一年）喪太子建殺連尹
奢（在廿年）屏王之耳目使不聰明不然平王之溫
惠恭儉有過成莊所以不獲諸侯迩無極
（迩近也）今又殺三不辜以興大謗（三不辜郤氏陽氏晉陳氏）幾及
子矣子而不圖將焉用之夫鄢將師矯子之
命以滅三族國之良也吳新有君（光新立）

【第三十紙】

命以滅三〻族〻國之良也吴新有君

疆埸日駭楚國若有大事子其危哉知者

除讒以自安今子愛讒以自危甚矣其惑也

子常曰是瓦之罪敢不良圖子常殺費無

極與鄢將師盡其族以悅于國謗言乃止

廿八年晉魏獻子為政魏舒以司馬彌牟為鄔

大夫賈辛為祁大夫司馬烏為平陵大夫魏

戊為梗陽大夫戊魏舒庶子謂賈辛司馬烏為有力

於王室廿二年辛為師師納敬王故舉之魏子謂成鱄晉

於王室(廿二年辛為師 師納敬王)故舉之魏子謂成鱄々晋
大夫吾與戊也縣人其以我為黨乎對曰何戊(也)
之為人也遠不忘君(遠疏遠也)近不偪同(不逼同位)居利
思義(不貪得)在約思純(無濫心)雖與之縣不亦可乎
昔武王克商光有天下其兄弟之國者十有
五人姬姓之國(者)卌人皆舉親也夫舉無他唯善
所在親疏一也賈辛將適其縣見於魏々子々
曰辛来今汝有力於王宮(室)吾是以舉汝行乎敬
之哉無墮乃力(墮損也)仲尼聞魏子之舉也以

之亂無隨乃力也（隨楯也）仲尼聞魏子之舉也以
爲義曰近不失親（謂舉魏戊）遠不失舉（以賢舉）可謂義
矣又聞其命賈辛也以爲忠（先賞王室之功故爲忠也）曰魏子
之舉也義其命也忠其長有後於晉國乎
梗陽人有獄魏戊不能斷以獄上（魏子）其大宗賂
以女樂（訟者之大宗）魏子將受之魏戊謂閻沒女寬（二人魏
子屬大夫）曰主以不賄聞於諸侯若受梗陽人賄莫甚
焉吾子必諫皆許諾退朝待於庭（魏子之庭）饋入召
之（召二大夫食）比置三歎魏子曰吾聞諸諺曰（伯叔諺曰）唯

【第三十一紙】

召之召二大夫食比置三歎魏子曰吾聞諸伯叔諺曰唯
食忘憂吾子置食之間三歎何也同辭而
對曰或賜二小人酒不夕食言飢甚饋之始
至恐其不足是以歎中置自咎曰豈將
軍食之而有不足是以再歎及饋之畢願
以小人腹為君子心屬厭而已屬足也言小人之腹飽猶知厭足君子心亦宜然
獻子辭梗陽人言魏氏所以興
定之
四年鄭子太叔卒晉趙簡子為之臨甚哀

四年鄭子太叔卒晉趙簡子爲之臨甚哀
曰黄父之會（在昭廿五年）夫子語我九言曰无始亂无
怙富无恃寵无違同无敖礼无驕能（以能驕人）
無復怒（復重也）無謀非德無犯非義（言簡子能）
用善言（以遠與也）吳子伐楚陳于柏舉敗之五戰及
郢楚子濟江入于雲中（入雲夢澤中）王寢盜攻之以戈
擊王王孫由于以背受之中肩王奔鄖
辛之弟懷將弒王曰平王殺吾父我殺其子
不亦可乎（辛蔓成然之子鬭辛也）（十四年楚平王殺成然也）辛曰君討臣誰敢

不亦可乎（辛蔓成然之子鬭辛也 十四年楚平王殺成然也）辛曰君討臣誰敢
讎之君命天也若死天命將誰讎詩曰柔亦
不茹剛亦不吐不侮矜寡不畏彊禦唯仁者
能之（言仲山甫不避彊陵弱也）違彊陵弱非勇也乘人之約
非仁也滅宗廢祀非孝（殺君罪應滅宗）動無令名非智
也必犯是余將殺汝鬭辛與其弟巢以王
奔隨申包胥如秦乞師曰吳為封豕長蛇
以薦食上國（薦數也言吳貪害如蛇豕）寡君失守社稷越在
草莽使下臣告急秦伯使辭焉曰寡人聞命

【第三十三紙】

草莽使下臣告急秦伯使辭焉曰寡人聞命
矣子姑就館將圖而告對曰寡君越在草
莽未獲所伏（處也）下臣何敢即安立依於庭牆
而哭日夜不絕聲勺飲不入口七日秦師乃出
五年申包胥以秦師至吳師大敗吳子乃歸
楚子入于郢初楚王之奔隨也將涉於成
臼（竟陵縣西有臼水）藍尹亹涉其帑（亹楚大夫）不與王舟及
寧王欲殺之（寧安也）子西曰子常唯思舊怨以
敗君何效焉王曰善使復其所吾以志前惡

敗君何敎焉王曰善使復其位吾以志愆

也遇王賞鬬辛王孫由于申包胥鬬懷皆從王有大功

子西曰請舍懷也以初謀殺王故王曰大德滅小怨道

也終從其先君之難是大德也申包胥曰吾爲君也非爲身也

君既定矣又何求且吾尤子旗其又爲諸

子旗蔓成然也有德於王求無厭王殺之遂逃賞

九年鄭駟歂殺鄧析而用其竹刑鄧析鄭大夫欲改鄭所鑄之舊制不

受君命私造刑法書之於竹簡故言竹刑也君子謂子然於是不忠苟有

可以加於國家者棄其邪可也加猶益也棄不責其邪惡也

可以加於國家者棄其邪可也　加猶蓋弃不責其邪惡也
故用其道不棄其人詩云蔽芾甘棠勿翦
勿伐召伯所茇　召伯決訟於甘棠之下詩人思之不伐其樹茇草舍也　思其人猶愛
其樹況用其道而不恤其子（人乎）無以勸能矣

哀公

元年吳王夫差敗越于夫椒遂入越越子以　椒子消反
甲楯五千保于會稽　上會下稽　會稽山　使大夫種因吳大
宰嚭以行成吳子將許之五員曰不可臣聞之
樹（德）莫如滋（去）疾莫（如）盡句踐（能）親而務施

【第三十四紙】

樹德莫如滋去疾莫如盡句踐能親而務施ゝ
不失人（所加恩賜皆得其人）親不棄勞（雖親愛之誠不遺小勞）與我同壤
而世為仇讎於是乎克而弗取將又存之
違天長寇讎後雖悔之不可食已（食消也已止也）弗聽退而
告人曰廿年之外吳其為沼乎（謂吳宮室廢壞當為汙池）
（為哀廿二年越入吳）越及吳平吳之入楚（在定四年）使召陳
懷公ゝ朝國人而問焉曰欲與楚者右
欲與吳者左陳人從田無田從黨（無田者從黨而立）
逢滑當公而進（不右不左）曰臣聞國之興也以福

陳滑當公而進不左右曰臣聞國之興也以福
其亡也以禍今吳未有福楚未有禍楚未
可棄吳未可從也公曰國勝君亡非禍而何
楚為吳所勝也對曰國之有是多矣何必不復小國
猶復況大國乎臣聞國之興也視民如
傷是其福也如復傷驚動也其亡也以民為土芥
是其禍也芥草楚雖無德亦不刈殺其
民吳日敝於兵暴骨如莽而未見德焉禍
之適吳其何日之有言今走也陳侯從之及夫差

【第三十五紙】

之適吳其何日之有（言今至也）陳侯從之及夫差
克越乃脩舊怨（言吳不脩德而脩怨所以亡）吳師在陳楚
大夫皆懼曰闔廬惟能用其民以敗我於
柏舉今聞其嗣又甚焉將若之何子西曰二
三子恤不相睦無患吳矣昔闔廬食不貳味
居不重席室不崇壇（平地作室不起壇）器不彤鏤
（彤丹鏤刻也）宮室不觀（觀臺榭也）舟車不飾衣服財用
擇不取費（選取堅厚不尚細靡）在國天有災癘親巡孤寡
而供其乏困在軍熟食者分而後敢食（分猶遍徧）

而供其乏困在軍熟食者分而後敢食（今猶遍）
其所嘗者卒乘與焉（所嘗謂非常食）勤恤其民而與
之勞逸是以民不罷勞死知不曠（知身死不見曠棄）吾
先大夫子常易之所以敗我也（易猶）今聞夫差
次有臺榭陂池焉宿有妃嬙嬪御（妃嬙貴者嬪御賤者）
一日之行所欲必成玩好必從珍異是聚觀
樂是務視民如讎而用之日新夫先自敗也
已安能敗我六年楚有雲如衆赤鳥夾日而
飛三日楚子使問諸周大史（周大史）曰其當王身

飛三日楚子使問諸周太史曰其當王身
乎（日爲人君妖氣守之故以爲當王身）若禜之可移於令尹司馬
王曰除腹心之疾而寘諸股肱何益不穀不
有大過天其夭諸有罪受罰又焉移之遂不
禜孔子曰楚昭王知大道矣其不失國也宜
哉十一年吳子將伐齊越子率其衆以朝焉
王及列士皆有饋賂（其位及士臣）吳人皆喜唯子胥懼曰是
豢吳也夫（豢養也若人養犧牲非愛之將殺之）諫曰越在我心腹
之病也壤地同而有欲於我焉（欲得吳也）得志

【第三十六紙】

之病也壤地同而有欲於我焉欲得吳也得志
於齊猶獲石田也無所用之石田不可耕越不為
沼吳其泯矣使醫除疾而曰必遺類焉者
未之有也弗聽使於齊屬其子於鮑氏為
王孫氏欲以避吳禍反役王聞之使賜之屬鏤以
死屬鏤劍名將死曰樹吾墓檟檟可材也吳其亡乎
三年其始弱矣盈必毀天之道也越人朝之伐齊勝之
盈之極季孫欲以田賦丘賦之法因其田財通出馬一匹牛三頭今欲別其田及家財各為一賦故言
田賦使冉有訪諸仲尼仲尼不對不公荅而私於冉

田賦使冉有訪諸仲尼仲尼不對（不公荅）而私於冉

有曰君子之行也度於禮施取其厚事舉

其中斂從其薄如是則丘亦足矣（丘十六井）

若不度於禮而貪冒無厭則雖以田賦

將又不足且子孫季若欲行而法則周公

之典在若欲苟而行之又何訪焉

十四年小邾射以句繹來奔曰使季路要我

吾無盟矣（子路信誠故欲得與相要誓不須盟也）使子路子路辭季

康子使冉有謂之曰千乘之國不信其盟而

【第三十七紙】

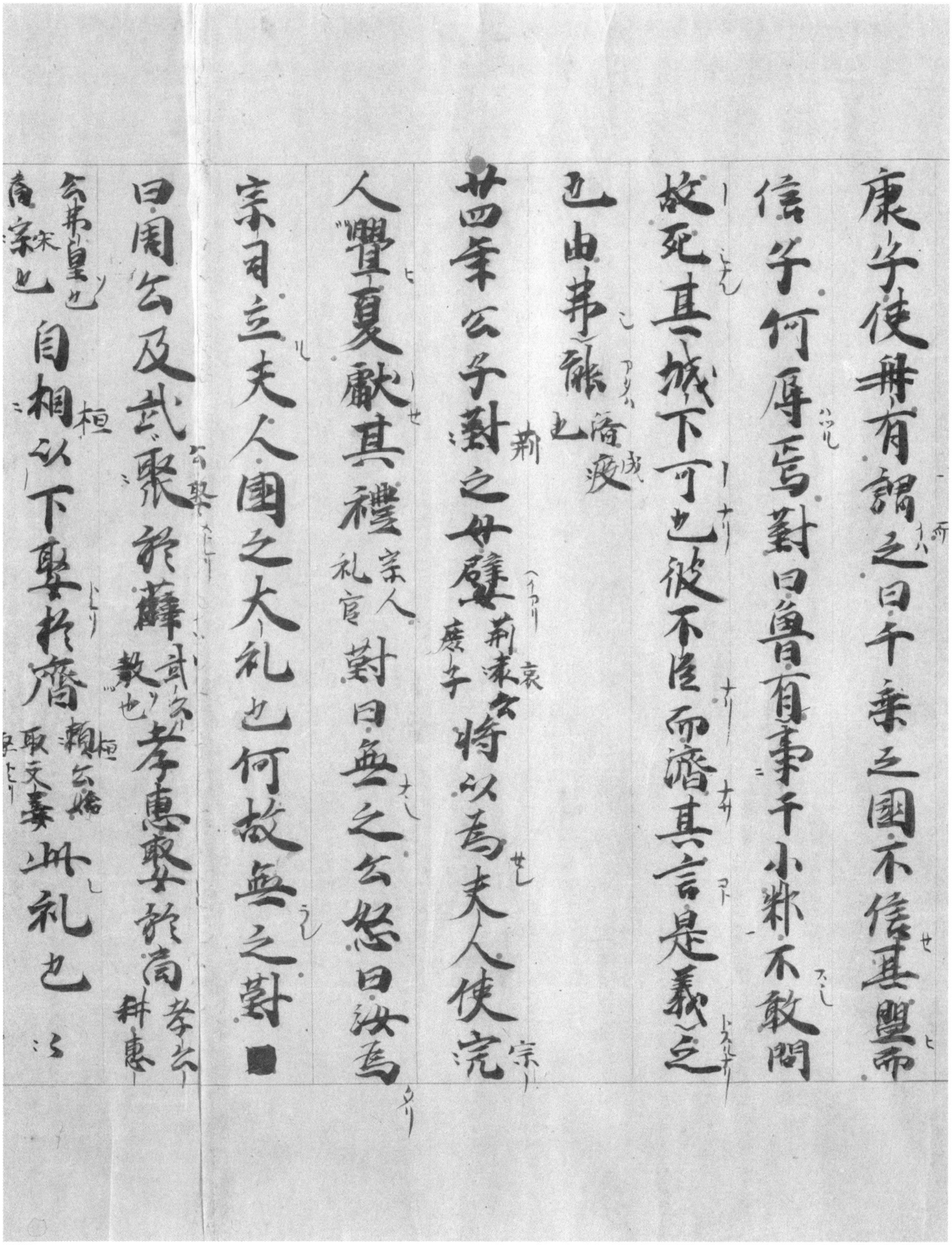

康子使冉有謂之曰千乘之國不信其盟而
信子何辱焉對曰魯有事于小邾不敢問
故死其城下可也彼不臣而濟其言是義之
也由弗能也
廿四年公子荊之母嬖將以為夫人使宗
人釁夏獻其禮對曰無之公怒曰汝為
宗司立夫人國之大礼也何故無之對■
曰周公及武公娶於薛孝惠娶於商
自桓以下娶於齊此礼也

自桓以下娶於齊此礼也（桓公始娶文姜）則有若以妾為夫人則固無其礼也公卒立之而以荊為太子国人始悪之也

群書治要巻第六

建長第七暦大蔟十三日
蒙洒掃少尹尚書蔵人命加點了
前參河守清原（花押）

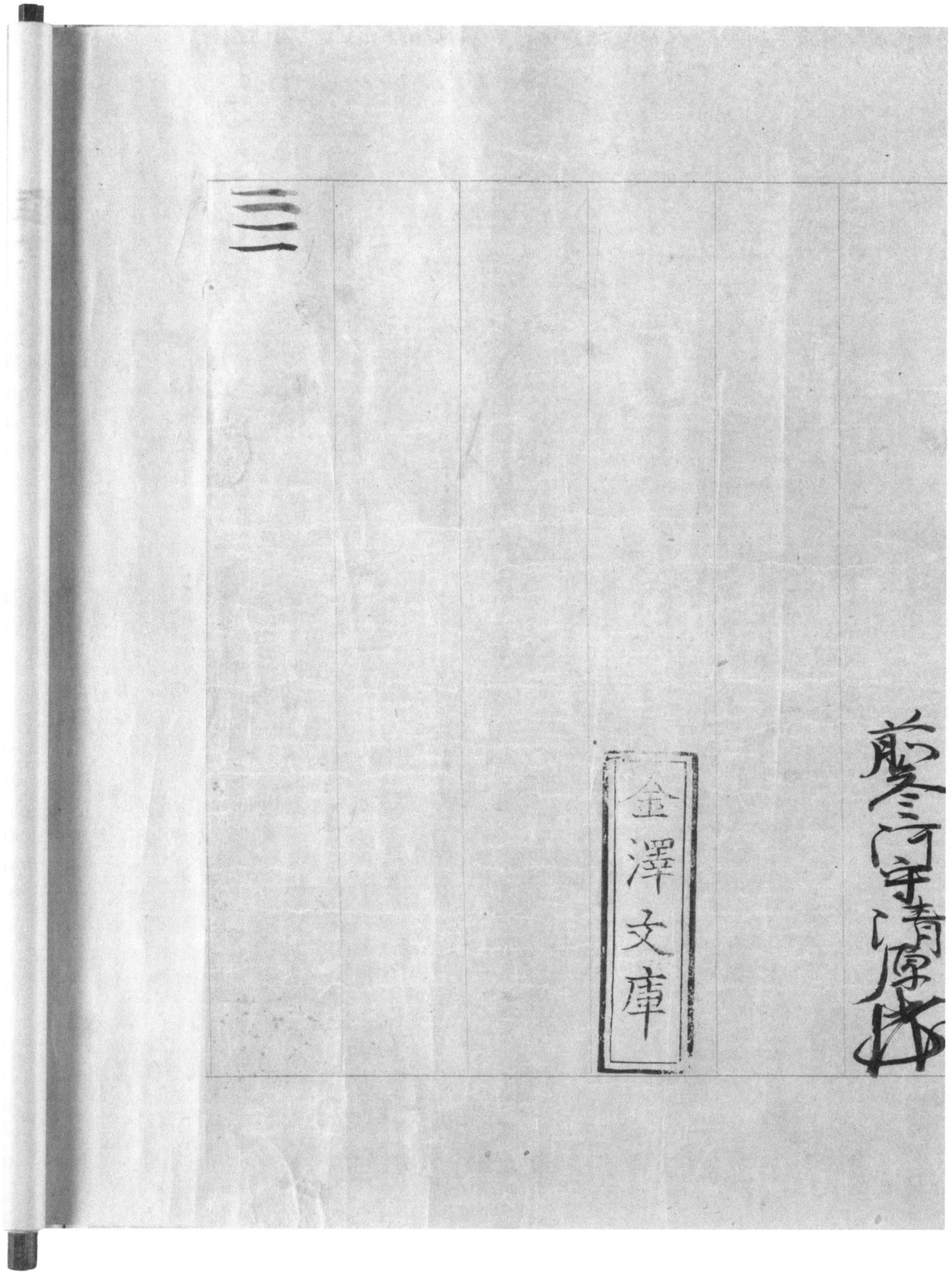
三
金澤文庫
前参河守清原